반려동물 장례지도사

자격취득 적중 예상문제

COMPANION ANIMAL FUNERAL DIRECTORS

반려동물장례지도사

자격취득
적중예상문제

머 리 말

저출산 핵가족화와 급격하게 높아지는 고령화 시대의 현대사회에서 외로운 마음을 달래주고 가족과 같은 생활을 영위하는 또 다른 가족이 반려동물입니다. 이러한 반려동물이 죽음을 맞이하면 사랑하는 자녀를 잃었을 때나, 가까운 친구를 잃었을 때와 같은 고통을 겪게 됩니다.

가족같은 반려동물을 떠나보내고 슬퍼하는 가족들에게 위안과 평화, 그리고 가족 곁을 떠나는 반려동물에게 정성을 다하여 하늘나라로 떠날 수 있게 정성을 다해 마지막 과정을 갈무리하는 직업, 바로 반려동물 장례지도사입니다.

반려동물 가족 1,000만 시대 !
반려동물의 수요가 커지는 만큼 반려동물의 장례에 대한 관심과 성장이 가파른 속도로 성장해 가고 있습니다. 이러한 현실 속에 반려동물 장례에 관한 실무자 교육에 대한 목마름을 해소하고, 교육과 검정을 통해 자격증을 취득한 반려동물 장례지도사가 현장에서 반려동물과 반려동물 가족과의 마지막 이별하는 의식과 장례진행 업무, 그리고 마무리까지 품위 있고 위생적이며 기능을 인정받는 업무를 진행할 수 있는 지식을 습득하고 자격시험에 보탬이 되고자 '적중 예상문제집'을 발간하게 되었습니다.

반려동물 교육기관에서의 교육에 보탬이 되고자 반려동물장례지도사가 꼭 숙지해야 할 문제들만 출제하였으며, 시간이 부족한 수험생들에도 교재와 함께 공부하시면 자격취득에 도움이 되고자 최선을 다해 제작하였습니다 .

이 예상문제집을 공부하여 반려동물에 대한 지식을 습득하시고 자격증을 꼭 취득하여 새로운 인생을 설계해 보시기 바랍니다.

반려동물장례지도사 자격증 취득은 교재를 구입하시고 연락을 주시면 가까운 교육기관을 소개해 드립니다. 그곳에서 절차를 밟아 수험신청을 하면 자격증을 취득할 수 있습니다.

끊임없이 노력하는 자만이 얻고자 하는 목표를 꼭 이룰 수 있다는 진리를 거울삼아 새로운 패러다임을 열어가는 신산업의 주인공이 되시기 기원합니다.

2019년 10월

예상문제 과목

PART 1. 반려동물 장례학개론 / 001

1. 반려동물 장례학개론
반려동물의 이해/장례의 의의와 분류/반려동물 장례와 반려동물 장례지도사/반려동물 장례지도사 실무

2. 반려동물 염습 및 장법실습
사람의 염습에 대한 이해/사람의 장법과 반려동물의 장법 비교/반려동물 염습의 순서와 실습/종교별 반려동물 염습과 제사상 차리기

3. 장례상담
반려동물 보호자 상담의 필요성/반려동물 가족 상담실무/펫로스 상담

PART 2. 반려동물 장사행정 / 037

1. 반려동물 장사행정
반려동물 시장/동물장묘업/반려동물 행정서식

2. 법규
동물보호법/동 시행령/동 시행규칙/폐기물관리법/동 시행령/시행규칙

3. 장사시설
반려동물 전용 장례식장/반려동물 화장장/반려동물 납골당/자연장

PART 3. 공중보건학 / 077

1. 공중보건학
보건행정/질병/개·고양이 전염성 질환

2. 위생관리
위생의 정의/환경의 종류/기후위생/주택위생/수질위생/대기위생/동물사체로 인한 질병감염 방지 및 위생관리

PART 1
장례학개론

1. 반려동물 장례학개론

　　반려동물의 이해
　　장례의 의의와 분류
　　반려동물 장례와 반려
　　동물 장례지도사
　　반려동물 장례지도사 실무

2. 반려동물 염습 및 장법실습

　　사람의 염습에 대한 이해
　　사람의 장법과 반려동물의 장법 비교
　　반려동물 염습의 순서와 실습
　　종교별 반려동물 염습과 제사상 차리기

자격취득 적중 예상문제 | 반려동물장례지도사

문제 1   '반려동물'이란 용어가 처음 발표된 장소와 시기는? (   )

① 1973년 10월 오스트리아 빈
② 1978년 10월 오스트레일리아 시드니
③ 1983년 10월 오스트리아 빈
④ 1988년 10월 오스트레일리아 시드니

[정답] ③
[해설] 1983년 10월 '오스트리아 빈에서 인간과 동물의 관계에 관한 국제 심포지엄'에서 발표함

문제 2   '반려동물'을 명명하여 1973년 노벨 생리학상을 수상한 동물행동학자는? (   )

① 콘란드 로렌츠
② 콘란드 피렌체
③ 올란드 로렌츠
④ 올란드 피렌체

[정답] ①
[해설] 오스트리아의 생물학자로 사람과 더불어 살아가며 도움을 주고받는 가족이라고 함
       - 콘란드 로렌츠

문제 3   반려동물에 속하지 않는 동물은? (   )

① 개과 고양이   ② 토끼와 햄스트
③ 돼지와 닭   ④ 말과 소

[정답] ④
[해설] 개와 고양이, 토끼, 기니피그, 햄스트, 페럿, 돼지, 닭, 오리, 앵무새, 도마뱀, 이구아나,
       사슴벌레, 금붕어 등 가까이 두고 좋아해서 기르는 모든 동물을 '반려동물'이라 한다.

PART 01 | 장례학개론

문제 4 2015년 통계자료에 의하면 우리나라 전 가구의 21.8%가 반려동물을 기르고 있다. 선진국에서는 어느 정도일까? (   )

① 30%~40% ② 50%~60%
③ 70%~80   ④ 80%~90%

[정답] ❷
[해설] 선진국에서는 가정의 50%~60% 정도가 반려동물과 생활하고 있다는 보도가 있다.

문제 5 반려견의 종류로 전 세계적으로 분포되어있는 종류의 수는? (   )

① 약 200여 종 ② 약 300여 종
③ 약 400여 종 ④ 약 500여 종

[정답] ❸
[해설] 털 길이와 빛깔, 그리고 무늬도 다양하며 약 400여 종이 있다.

문제 6 반려견의 크기에 속하지 않는 단위는? (   )

① 소형견 ② 중형견
③ 대형견 ④ 특수견

[정답] ❹
[해설] 보통 체고(발바닥-등허리)와 체장(앞가슴-꼬리부분)의 크기에 의해 구분된다.

문제 7 우리나라처럼 아파트 등에서 많이 키우는 반려견의 품종 그룹 이름은? (   )

① 테리어 그룹 ② 토이 그룹
③ 워킹 그룹   ④ 하운드 그룹

[정답] ❷
[해설] 제일 적은 체구의 귀여운 반려견.

문제 8   고양이의 품종을 구분하는 기준은? (   )

① 신장   ② 털의 빛깔
③ 털의 길이   ④ 체중

[정답] ❸
[해설] 체격의 차이가 적어 단모종과 장모종 등 털의 길이로 구분한다.

문제 9   반려동물 장례지도사의 업무에 속하지 않는 업무는? (   )

① 반려동물 장례의 전화상담 업무
② 반려동물의 사체 이송작업
③ 반려동물의 진료와 미용
④ 반려동물의 장례와 유골처리 업무

[정답] ❸
[해설] 반려동물 진료는 반려동물 병원에서, 미용은 미용자격을 갖춘 미용샵에서 실시한다.

문제 10   반려동물의 임종 시에 반려동물 가족이 하는 행위로 볼 수 없는 것은?
(   )

① 영혼의 명복을 빌며 곁에서 함께 지켜준다
② 눈꺼풀을 쓸어내리고 팔다리를 매만져 가지런히 한다.
③ 가벼운 천이나 옷으로 덮어주고 장례업체에 전화한다.
④ 건물 밖으로 옮겨 박스 등에 담아 숨이 끊어지기를 기다린다.

[정답] ❹
[해설] 생활쓰레기로 버릴수 있는 방법이 있으나 민원관계로 금지되어 있다.

PART 01 | 장례학개론

문제 11 장례지도사가 장례상담을 하는 시점이 아닌 것은? (   )

① 반려동물을 기르는 가족의 집을 방문하였을 때
② 동물 사체를 장례식장에 안치한 후
③ 화장 후 정산이 끝난 후
④ 반려동물 사망전화를 받았을 때

[정답] ❸
[해설] 반려동물 가족은 반려동물의 죽음으로 매우 상심해 있으므로 장례가 끝날 때까지 안정을 잃지 않도록 상담해 주어야 한다.

문제 12 반려동물을 화장한 후 유골의 마무리 방법이 아닌 것은? (   )

① 납골당에 안치
② 수목장
③ 산골장에 안치
④ 쓰레기로 버림

[정답] ❹
[해설] 납골, 수목장, 산골장 안치 외에도 보석화(스톤작업) 작업 등이 있다.

문제 13 수시과정의 순서로 맞는 것은? (   )

① 이물질 제거-애도의 시간제공-솜이나 체액 차단제 사용-빗으로 털 정리
② 애도의 시간제공-이물질 제거-솜이나 체액 차단제 사용-빗으로 털 정리
③ 솜이나 체액 차단제 사용-애도의 시간제공-이물질 제거-빗으로 털 정리
④ 빗으로 털 정리-애도의 시간제공-이물질 제거-솜이나 체액 차단제 사용

[정답] ❷
[해설] 가족의 애도 시간을 갖게 하고 알코올 솜이나 면봉, 탈취용 소독약품으로 이물질을 제거하고 빗으로 빗어 수시과정을 마무리 한다.

문제 14   염습이 끝난 반려동물의 관에 넣어도 가능한 물건은? (   )

① 꽃
② 유리제품
③ 밧데리가 든 장난감
④ 철재제품

[정답] ❶
[해설] 폭발이 가능한 물건이나 소각되지 않는 유품은 넣지 말아야 한다.

문제 15   반려동물 장례의 사전매뉴얼이 아닌 것은? (   )

① 반려동물의 병명, 연락처, 진료병원과 수의사 이름
② 반려동물 사진
③ 장례 시에 입힐 수의나 옷 등
④ 유품 정리

[정답] ❹
[해설] 유품 정리는 장례가 끝난후에 실시한다.

문제 16   반려동물의 장례를 해 주는 목적이 아닌 것은? (   )

① 상실로 인한 고통을 표현하는 것
② 버리는 행위는 주위의 지적을 받으므로
③ 고통을 조절하는 방법의 터득
④ 새로운 좋은 환경으로 보낸 안도감

[정답] ❷
[해설] 반려동물의 장례는 결과적으로 가족의 위안이 최고의 목적이다.

PART 01 | 장례학개론

문제 17 고객과의 대면 상담이 일어나는 시간은? (   )

① 반려동물 사망 접수   ② 운구차량 예약
③ 장례시작 시   ④ 임종 전 사전장례 상담

[정답] ③
[해설] 장례상담은 전화상담과 대면상담으로 이루어진다. 장례 행사 중에는 대면상담으로 이루어진다.

문제 18 반려동물 장례기간은? (   )

① 1일   ② 1일 또는 2일
③ 2일 또는 3일   ④ 3일 또는 4일

[정답] ②
[해설] 사람은 3일장이 기본이나 반려동물은 1일 또는 2일에 마무리 된다.

문제 19 반려동물 고객과의 대화과정에 필요한 사항이 아닌 것은? (   )

① 경청과 공감   ② 니즈 파악
③ 유창한 전문지식   ④ 신뢰감 형성

[정답] ③
[해설] 유창한 말이나 지식 전달보다는 진실한 의사표현이 공감대를 형성한다.

문제 20 사전 상담시 주로 문의하는 내용이 아닌 것은? (   )

① 비용   ② 장례진행절차
③ 장례장소   ④ 법률자문

[정답] ④
[해설] 법률자문은 장례 후에 실시된다.

문제 21 펫로스 증후군이 아닌 것은? (   )

　　　　① 홀가분함　　　　　② 슬픔
　　　　③ 불안　　　　　　　④ 우울

[정답] ①
[해설] 슬픔, 불안, 우울증 등 정신적인 고통을 통한 병리적인 현상으로 인한 상실감과 우울증을 의미한다.

문제 22 반려견의 종류 중 워킹그룹(Working Group)이 하는 일이 아닌 것은? (   )

　　　　① 짐 나르기
　　　　② 집 지키기
　　　　③ 목축 지키기
　　　　④ 물에 빠진 사람을 구하는 일

[정답] ③
[해설] 가축을 돌보는 그룹을 허딩 그룹(Herding Group)이라 한다.

문제 23 반려견의 종류 중 하운드 그룹(Hound Group)이 하는 일은? (   )

　　　　① 사냥감을 몰아주는 일
　　　　② 짐을 나르는 일
　　　　③ 가축을 지키는 일
　　　　④ 사냥을 하는 수렵견

[정답] ④
[해설] 하운드 그룹(Hound Group)은 냄새나 시야를 통해 사냥을 하는 수렵견이다.

PART 01 | 장례학개론

문제 24 　반려동물 핸들러 직업이 하는 업무는 어떤 것인가? (　　)

① 반려동물의 번식을 전문으로 하는 직업
② 반려동물의 미용과 청결을 담당하는 직업
③ 수의사를 보조하는 직업
④ 반려동물의 건강과 미용, 신체를 관리하는 직업

[정답] ④
[해설] 반려동물 핸들러는 반려동물의 건강과 미용, 신체를 관리하는 직업으로 무대의 출연이나 기술을 익히는 훈련을 하는 직업이다.

문제 25 　도그워크(Dog Walker)는 바쁜 견주를 대신하여 반려동물을 산책시키는 직업이다. 도그워크가 하지않는 업무는 어떤 것일까? (　　)

① 훈련시키기　　　　　　② 딴 견과의 싸움방지
③ 크게 짖는 행위 금지　　④ 나쁜 습관 대처

[정답] ①
[해설] 업무수행 중 발생할 수 있는 여러 상황에 대처할 수 있는 능력을 갖추어야 하며 훈련 등은 필요로 하지 않는다.

문제 26 　반려동물 유족의 상담 목적이 아닌 것은 ? (　　)

① 장례식을 통해 고통을 표현하게 도와준다
② 외로움에 벗어나게 해 준다
③ 새로운 반려동물을 소개해 준다
④ 새로운 희망을 발견하게 해 준다

[정답] ③
[해설] 반려동물 가족의 상담이 필요한 이유 중에 영업행위는 삼가야 한다.

문제 27   반려동물 가족의 상담 중 가장 중요한 대면상담이 실시되는
         시기는?
                   (   )

         ① 장례 발생전의 상담
         ② 장례 발생 접수시 상담
         ③ 장례 진행중의 상담
         ④ 장례 끝난후의 상담

[정답] ❸
[해설] 장례 진행은 장례지도사가 반려동물의 주인과 대면상담을 하면서 진행한다.

문제 28   사전(예비)상담 때 하는 내용이 아닌 것은? (   )

         ① 장례 후유증 치료
         ② 장례비용
         ③ 장례진행 절차
         ④ 장례업체에 관한 것

[정답] ❶
[해설] 장례 후유증은 장례가 종결된 후에 발생한다.

문제 29   사전(예비)상담 때 꼭 전하는 내용은? (   )

         ① 어디에서든지 장례를 할 수 있다고 전한다.
         ② 걱정하지 말라고 위로한다.
         ③ 작별인사를 한다.
         ④ 반려동물이 하늘나라로 가면 꼭 전화하라고 당부한다.

[정답] ❹
[해설] 사전상담을 장례행사를 유치하기 위한 업무이므로 우리 업체에서 장례업무가 실시될
       수 있도록 당부한다.

PART 01 | 장례학개론

문제 30 펫로스의 증세가 아닌 것은? (   )

① 행복감 ② 슬픔
③ 불안 ④ 우울증

[정답] ❶
[해설] 펫로스 증세란 반려동물을 보내고 난 사람들이 겪는 슬픔, 불안, 우울증 등 정신적인 고통을 통한 병리적인 현상으로 인한 상실감과 우울증을 의미한다.

문제 31 펫로스의 증상이 아닌 것은? (   )

① 반려동물 잘 돌보지 못했다는 자책감
② 반려동물 죽음에 대한 부정
③ 새로운 반려동물 구입에 대한 열망
④ 반려동물의 죽음 원인에 대한 분노와 슬픔

[정답] ❸
[해설] 자책감, 부정, 분노, 슬픔 등으로 인한 상실감과 우울증 등이 지속되는 현상을 말한다.

문제 32 상담을 위해 키워야 하는 능력이 아닌 것은? (   )

① 경청과 공감
② 유창하고 전문적인 말솜씨
③ 니즈파악과 정보제공
④ 신뢰감 형성을 위한 노력

[정답] ❷
[해설] 상담을 위해 키워야 하는 능력은 무엇보다 반려동물 가족과의 공감대 형성이다. 이를 위해서는 경청과 공감, 니즈파악, 정보제공, 신뢰감을 형성하는 등의 노력이 필요하다.

문제 33 장례의 시작 때에 시행하는 상담은 장례진행의 내용, 용품의 선정과 구매결정 등 장례비용과 직접적인 관련이 있으므로 (   )를(을) 작성하여 상담하여야 한다. 괄호에 맞는 용어는? (   )

① 서약서
② 사체검안서
③ 장례진행계획서
④ 신청서

[정답] ④
[해설] 상담 내용은 반드시 장례신청서에 의해 설명하고 경정된 사항에 대해 서명을 받아 민원이 발생하지 않도록 준비해야 한다.

문제 34 상담 시 장례지도사가 지켜야 할 사항이 아닌 것은? (   )

① 표정과 몸짓 주의
② 전문가다운 용어 사용
③ 전문가다운 복장
④ 단정한 용모

[정답] ②
[해설] 전문적인 용어나 어려운 말은 최대한 줄이고, 알기쉽고 이해가 되는 용어를 사용한다.

문제 35 사람의 염습에서 첫째 날 실시하는 업무가 아닌 것은? (   )

① 발인제
② 장례상담
③ 안치실 안치
④ 빈소 설치

[정답] ①
[해설] 발인제는 장례 미지막 날 실시하는 업무이다.

PART 01 | 장례학개론

문제 36 5일장이던 장례기일이 처음으로 3일장을 치를 수 있다고 제정된 법률은?
(   )

① 가정의례준칙　　　　② 건전가정의례준칙
③ 장례식장 표준약관　　④ 의례준칙

[정답] ④
[해설] 의례준칙-1934년, 가정의례준칙-1969년, 건전가정의례준칙-1999년 장례식장 표준약관
- 2001년에 제정됨.

문제 37 사람의 장례에서 같은 날 실시하는 업무가 아닌 것은? (   )

① 영결식　　　　② 수시
③ 염습　　　　　④ 입관

[정답] ①
[해설] 영결식은 발인하는 장례 마지막 날 실시한다.

문제 38 반려동물의 수시에 해당되지 않는 업무는 ? (   )

① 코와 입, 그리고 항문 등을 알콜로 닦아준다
② 빗으로 정갈하게 털을 빗어준다
③ 관에 담아 화장로로 이동한다
④ 종이(한지)로 반려동물이 보이지 않게 싸매는 과정이다

[정답] ③
[해설] 수시와 염습 과정이 끝난 후 반려동물을 관에 담아 화장로로 이동한다.

문제 39 　현장 또는 가정에서 염습, 입관을 하지만 장례식장으로 이동하여 염습, 입관을 할 경우에는 (　　)나 (　　)를 (을) 이용하여 이동시킨다. 괄호에 맞는 단어는? (　　)

① 관, 변사체 처리용 매트
② 이동용 상자, 변사체 처리용 매트
③ 관, 종이상자
④ 천, 이불

[정답] ❷
[해설] 장례식장으로 이동하여 염습, 입관을 할 경우에는 위생처리 된 상자나 변사체 처리용 매트를 이용하여 이동한다.

문제 40 　반려동물의 염습 절차로 맞는 것은? (　　)

① 수시-염습-입관-관 주변장식
② 염습-입관-수시-관 주변장식
③ 관 주변장식-수시-염습-입관
④ 수시-염습-관 주변장식-입관

[정답] ❶
[해설] 반려동물의 염습 절차는 수시-염습-입관-관 주변장식의 순으로 진행한다.

문제 41 　사람의 발인시간은 사망시간을 기준으로 언제인가? (　　)

① 6시간 이후　　　　② 12시간 이후
③ 18시간 이후　　　④ 24시간 이후

[정답] ❹
[해설] 사망시간으로부터 24시간이 경과 하여야 매장 또는 화장이 가능하다. 단, 염습과 입관은 24시간 이전에도 가능하다.

PART 01 | 장례학개론

문제 42 반려동물은 사람의 장례와 달리 당일로 (   )와 (   )이 가능하므로 1일로 장례가 나는 것이 대부분이다. 괄호에 맞는 단어는? (   )

① 수시, 매장　　　　　　② 염습, 매장
③ 염습, 화장　　　　　　④ 발인, 매장

[정답] ❸
[해설] 반려동물의 매장은 불법이므로 실시하면 안된다.

문제 43 반려동물의 화장 후 유골의 갈무리가 아닌 것은? (   )

① 매장　　　　　　② 납골
③ 자연장　　　　　④ 산골

[정답] ❶
[해설] 반려동물의 매장이 금지된 것과 같이 유골의 매장도 권하지 않는다.

문제 44 반려동물의 장례 후의 업무가 아닌 것은? (   )

① 사체를 처리함으로 장례가 끝난다
② 삼우제를 꼭 진행해 준다
③ 집으로 돌아와 애도의 시간을 갖는다
④ 반려동물의 유품을 정리한다

[정답] ❷
[해설] 반려동물의 장례는 시신을 갈무리하면 업무가 끝나며 나머지 의례는 정해져 있지 않다.

문제 45   반려동물의 입관시에 관 속에 넣어도 크게 문제가 발생하지 않는
          물건은? (   )

          ① 발포 스티로폼 제품   ② 섬유제품
          ③ 약간의 생화   ④ 유리제품

[정답] ❸
[해설] 오염의 발생 원인이 되는 물건, 연소 방해로 잘 타지 않는 물건, 두꺼운 서적이나
       섬유제품, 폭발물질, 금속제품, 유리제품, 체내 장치의료품 등은 넣지 않는다.

문제 46   종교가 없는 일반인을 위한 반려동물의 분향실에 준비해야 하는
          물건이 아닌 것은? (   )

          ① 간식   ② 영정사진
          ③ 물   ④ 밥과 국

[정답] ❹
[해설] 사람의 장례에는 밥과 국('메와 탕'이라 함)이 필요하지만 반려동물 분향실에는
       간식으로도 충분하다.

문제 47   염습 시에 장례지도사의 복장에 필요한 용품이 아닌 것은? (   )

          ① 위생고글   ② 위생복
          ③ 위생마스크   ④ 위생장갑

[정답] ❶
[해설] 위생 고글은 사람의 장례 중에 방부처리를 할 경우 착용한다.

PART 01 | 장례학개론

문제 48 수의를 입힌 반려동물이 진행하는 다음 절차는? (   )

① 수시 ② 분향
③ 입관 ④ 하관

[정답] ❸
[해설] 장례절차는 수시-염습-입관-화장-유골 갈무리 순서이다.

문제 49 우리나라의 반려동물 장례는 100% 화장이다. 화장이 아닌 장례방법은?
(   )

① 해양장 ② 건조장
③ 잔디장 ④ 수목장

[정답] ❷
[해설] 일부 장례업체에서 열로 사체를 처리하는 건조장을 시행하고 있다.

문제 50 수시의 순서 중 가장 먼저 해야하는 업무는? (   )

① 탈취용 스프레이 소독
② 코와 입, 항문 등을 닦아 준다
③ 빗으로 정리한다
④ 종이로 사체를 감싸준다

[정답] ❶
[해설] 위생처리가 최우선으로 시행해야 한다.

문제 51 장례의식의 목적에 대한 일반의 관점으로 볼 수 없는 것은? (   )

① 죽은자에 대한 애도와 함께 죽은 이를 보내는 의례의 목적

② 유족들이 다시 정상적인 생활을 하도록 도와주는 목적

③ 죽음에 대한 인식을 통해 현재의 삶을 더욱 의미있게 만드려는 목적

④ 가족의 공동체 모습을 외부에 알리기 위한 의식

[정답] ❹
[해설] 죽은 자에 대한 애도와 죽은 이를 보내는 의례, 유족들이 새로운 환경에 적응하도록 도와주고, 죽음을 통해 현재의 삶을 더욱 의미있게 만드는 것이다.

문제 52 시신을 땅에 묻는 장례방법인 매장을 하는 이유가 아닌 것은? (   )

① 지하에 저승이 있다는 신앙 때문

② 죽은 자가 무서워 관계 단절을 위해

③ 부패 등의 위생적인 이유로

④ 원시 동굴 생활의 풍습 때문에

[정답] ❹
[해설] 원시 동굴이 아니라 공동생활이 시작된 움집 생활에서부터 매장이 시작되었다.

문제 53 화장에 대한 설명으로 틀린 것은? (   )

① 죽은 자의 시신을 불에 태워서 처리하는 장례방법이다.

② 뼈를 추려 항아리나 상자에 넣어서 땅에 묻기도 한다.

③ 중앙아시아를 비롯하여 중국·우리나라 등에서 특히 성행하였다.

④ 매장의 절대면적이 줄어들고 장례에 대한 인식 변화로 화장이 늘고 있다.

[정답] ❸
[해설] 화장 장례풍습은 지리나 민족에 상관없이 보편적으로 실시하였다.

PART 01 장례학개론

문제 54 화장에 관한 설명으로 틀린 것은? (　　)

① 죽은 시신을 불에 태워서 처리하는 장례방법
② 우리나라에는 삼국시대에 불교를 따라 화장법이 전래됨
③ 화장법은 신고만 하면 누구나 가능하다
④ 거주지역의 팽창, 농지와 임야면적의 확보 등의 이유로 화장률이 높아지고 있다

[정답] ❸
[해설] 화장장이 아닌 곳에서는 화장이 금지되어 있다. (사찰 경내의 다비식은 예외)

문제 55 시체를 강이나 바다에 장사지내는 장례방법으로서, 미개 사회에서 시신처리의 가장 간단한 방법으로 널리 행한 시신처리 풍습은? (　　)

① 화장　　　　　　　　② 수장
③ 풍장　　　　　　　　④ 합장

[정답] ❷
[해설] 지금도 인도 등지에서는 종교의식으로 어린아이의 시신을 강물에 띄어 보내기도 한다.

문제 56 죽은 자가 생전에 사용하던 여러 가지 물품을 함께 묻는 풍습의 장례방식을 무엇이라 하는가? (　　)

① 합장　　　　　　　　② 후장
③ 순장　　　　　　　　④ 수목장

[정답] ❷
[해설] 저승에 가서도 현세와 같은 생활을 영위한다는 영혼 불멸의 관념에서 비롯되었으며, 오늘날에도 생전에 애용하던 물건을 함께 묻는 일이 종종 있다.

문제 57　카톨릭식 장례에 대한 설명으로 틀린 것은? (　　)

　　① 카톨릭에서 치르는 장례는 생전에 영세를 받은 사람은 '영세교리'에 의하여 장례를 치른다.

　　② 종부성사 → 운명, 영혼을 위한 기도 → 초상(初喪) → 입관 → 발인식의 절차에 의한다.

　　③ 하관 기도를 하고 하관 후 영구와 광중에 성수를 뿌린다.

　　④ 발인식이 끝나고 장지에 도착하면 묘지축성 기도를 한다.

[정답] ❶
[해설] 영세를 받은 사람은 '성교예규'에 의하여 장례를 치른다.

문제 58　기독교식 장례에 대한 설명 중 틀린 것은? (　　)

　　① 시신의 정제 수시에서부터 하관까지 모든 의식 절차를 목사가 집례하여 진행한다.

　　② 초종 중에는 날마다 목사의 집례로 기도회를 갖는다.

　　③ 염습할 때에는 시신을 묶은 후 찬송을 부른다.

　　④ 장례에는 분향을 하지않고 헌화를 한다.

[정답] ❸
[해설] 기독교식의 장례의 특징은 시신을 묶지 않는 전통이 있다. 이를 부활의 의미도 있다.

문제 59　다음 중 기독교식 장례에 대한 설명 중 틀린 것은? (　　)

　　① 발인식 전날 염습을 하고 입관을 한다.

　　② 기독교식 장례에는 분향을 하지않고 헌화를 한다.

　　③ 영결식은 반드시 교회에서 행하도록 엄격히 규제하고 있다.

　　④ 장지에 도착하면 하관 예배를 드린 후 상제들이 관 위에 흙을 뿌리고 봉분을 만든다.

[정답] ❸
[해설] 영결식의 장소 규정은 없고, 교회에서 영결식의 준비가 되어 있지 않으면 장례식장에서 지내고 발인하기도 한다.

PART 01 | 장례학개론

문제 60   마지막 숨이 넘어가는 것을 말하며, 특별한 경우가 아니라면 마지막 순간에 가족이 곁에서 함께 지켜주는 장례의 의식을 무엇이라 하는가?
(   )

① 임종   ② 수시
③ 발상   ④ 발인

[정답] ①
[해설] 장례의 시작시점이 되며 과거에는 임종이 예측되면 온 가족이 모여 임종을 준비하였다고 한다

문제 61   숨을 거두면 팔다리를 매만져 가지런히 하는 절차를 무엇이라 하는가?
(   )

① 임종   ② 수시
③ 염습   ④ 발인

[정답] ②
[해설] 임종 후 3시간이 지나면 근육의 경직현상이 시작된다. 이를 막기 위해 신체의 각 부위의 관절을 주물러 경직을 막아주고 가벼운 옷으로 갈아입히거나 종이로 몸을 감싸기도 한다.

문제 62   다음 중 수시에 관한 설명으로 틀린 것은? (   )

① 햇솜으로 코와 입을 막아 오수가 나오는 것을 막는다.
② 손발이 굽어지지 않게 곧게 펴서 가지런히 모으고 백지나 붕대로 묶는다.
③ 머리에서 발끝까지 흰 천이나 희고 깨끗한 홑이불로 덮는다.
④ 영정에 검은 리본을 두르고 영정이 자리한 방은 따뜻하게 한 후 가급적 방을 비우지 않는다.

[정답] ④
[해설] 반려동물이 있는 방은 차게해서 부패의 속도를 조절한다.

문제 63 시신에게 수의를 입히는 입관 전에 행하는 절차를 무엇이라 하는가?
(　　)

① 염습　　　　　　　② 발상
③ 수시　　　　　　　④ 입관

[정답] ❶
[해설] '염(殮)-옷을 입히다, 습(襲)-몸을 씻기다'에서처럼 염과 습이 별도의 행위인 것처럼 보이지만 옷을 입히기 전에 몸을 닦는 과정이 있기 때문에 '염습(殮襲)'이라고 한다.

문제 64 다음의 염습에 대한 설명 중 틀린 것은? (　　)

① 보통 염습을 수시절차에 앞서서 진행하는 경우도 있다.
② 염은 전통적으로 향나무나 쑥 삶은 물로 시신을 정결하게 씻기었지만 근래에는 알코올을 묻힌 솜이나 거즈를 사용한다.
③ 염은 죽은 시신에 수의를 입히는 절차이다.
④ 수의는 미리 아래위를 구분하여 쉽게 입힐 수 있도록 준비하여 놓는다.

[정답] ❶
[해설] 장례의 순서 : 수시 - 염습 - 입관 - 발인 - 시신 갈무리 - 반곡 - 우제 - 탈상

문제 65 반려동물 염습에 대한 다음 설명 중 틀린 것은? (　　)

① 수의를 입힌 반려동물은 입관 절차에 들어간다.
② 수의가 없을 경우, 반려동물이 입던 옷 중에서 화학섬유가 아닌 천연섬유(비단, 명주, 베)로 만든 옷을 입힌다.
③ 계절에 따라 다르지만, 더운 여름이 아닌 경우엔 보통 염습을 한 상태에서 주인은 하룻밤을 영정과 함께 보내기도 한다.
④ 염습은 소나무나 솔잎 삶은 물로 시신을 정결하게 씻긴다.

[정답] ❹
[해설] 사람의 수시에 사용하는 목욕물에는 향나무나 쑥 삶은 물로 진행한다.

PART 01 | 장례학개론

문제 66 불교의 장례의식이 담긴 책의 이름은? (   )

① 다라니경　　　　　② 석문의범
③ 장례예식서　　　　④ 상장예식

[정답] ❷
[해설] 불교식 장례의례는 '석문의범(釋文儀範)'에 따라 상례를 진행하나 사찰이 아닌 곳에서는 대부분 유교식으로 진행함을 원칙으로 한다.

문제 67 반려동물의 장례의식 순서가 맞는 것은? (   )

① 수시 - 입관 - 화장 - 염습
② 입관 - 염습 - 수시 - 화장
③ 수시 - 염습 - 입관 - 화장
④ 수골 - 수시 - 염습 - 화장

[정답] ❸
[해설] 반려동물의 장례의식 순서는 '수시 - 염습 - 입관 - 화장' 절차로 진행한다.

문제 68 다음 중 입관에 대한 설명 중 틀린 것은? (   )

① 시신을 관에 넣을 때는 시신과 관 사이에 깨끗한 백지나 삼베를 펴 넣는다.
② 백지나 수의가 없으면 반려동물이 입던 옷 중에서 천연섬유의 옷을 골라 둘둘 말아 시신 사이에 넣어준다.
③ 평소 유품 중 반려동물이 아끼던 장난감이나 옷가지, 신발 또는 기타물품을 넣어 주기도 한다.
④ 입관이 끝나면 관보를 덮고 명정을 머리 쪽에 세운다.

[정답] ❷
[해설] 수의는 입혀주어야 하며 수의가 준비되지 않았으면 평소에 입던 옷을 입혀주어야 하며, 관의 빈자리에는 생화나 조화를 넣어 주기도 한다.

문제 69 다음 중 발인에 대한 설명으로 틀린 것은? (   )

① 영구가 집을 떠나는 절차이다.

② 관을 이동할 때에는 머리쪽이 먼저 나가지만 종교에 따라 반대로 진행하기도 한다.

③ 발인에 앞서 간단한 제물(간식이나 사료 등 평소 좋아하던 음식)을 차리고 제사를 지낸다.

④ 반려동물의 죽음을 외부에 알리고 장례를 시작하는 일이다.

[정답] ❹
[해설] 발인은 반려동물이 화장장으로 떠나가는 과정이므로 장례과정 중에 발생하는 과정이다.

문제 70 운구의 절차에서 장의차에 오르는 순서가 맞는 것은? (   )

① 영정 - 상주 - 명정 - 조문객
② 영정 - 명정 - 상주 - 조문객
③ 명정 - 영정 - 상주 - 조문객
④ 상주 - 영정 - 명정 - 조문객

[정답] ❸
[해설] 여기에서의 운구는 '발인과정'을 의미한다. 명정 -조문객 순이다.

문제 71 영구를 화장장까지 장의차로 운반하는 절차를 무엇이라 하는가? (   )

① 발상   ② 발인
③ 수시   ④ 운구

[정답] ❹
[해설] 과거에는 상여로 운구하였으나 요즈음은 차량으로 운구한다.

PART 01 | 장례학개론

문제 72 다음 중 발인에 대한 설명으로 틀린 것은? (   )

① 영구가 집을 떠나는 절차이다.
② 관을 이동할 때에는 머리쪽이 먼저 나가지만 종교에 따라 반대로 진행하기도 한다..
③ 발인에 앞서 간단한 제물(간식이나 사료 등 평소 좋아하던 음식)을 차리고 제사를 지낸다.
④ 반려동물의 죽음을 외부에 알리고 장례를 시작하는 일이다.

[정답] ❹
[해설] 발인은 반려동물이 화장장으로 떠나가는 과정이므로 장례과정 중에 발생하는 과정이다.

문제 73 위령제가 끝나면 주인은 영위를 가지고 집으로 돌아와 그날 영혼을 집으로 맞아들이는 장례의 절차를 무엇이라 하는가? (   )

① 반우제   ② 위령제
③ 수시   ④ 발인

[정답] ❶
[해설] 우제는 집으로 돌아오는 날이 초우, 그 이튿날이 재우, 삼일째 되는 날을 삼우라고 한다.

문제 74 장사를 지낸 뒤 집에서 처음 지내는 제사를 무엇이라 하는가? (   )

① 삼우제   ② 위령제
③ 발인제   ④ 초우제

[정답] ❹
[해설] 73번 문제 참조 바랍니다.- 초우제

PART 01 | 장례학개론

문제 75   제물을 생략하고 배례나 묵도로 대신하여도 되는 장례의 마지막 절차를 무엇이라 하는가? (   )

① 삼우제   ② 발인제
③ 반우제   ④ 위령제

[정답] ❸
[해설] 시간대별로 정리하면 발인제(집을 떠날 때) - 위령제(유골 마무리 시) - 반우제(집으로 돌아 왔을 때) - 삼우제(장일 2일 후)

문제 76   상가에서 모시는 신위나 위패를 무엇이라 하는가? (   )

① 영위   ② 명정
③ 혼백   ④ 수시포

[정답] ❶
[해설] 명정은 관 위에 덮는 고인의 이름표, 혼백은 장례기간에 설치하는 위패, 수시포는 염습 전에 고인을 덮어주는 포.

문제 77   시신의 부패나 세균번식 등을 막기 위하여 냉장시설에 시신을 보관하는 것을 무엇이라 하는가? (   )

① 보공   ② 안치
③ 장지   ④ 영위

[정답] ❷
[해설] 시신을 보관하는 냉장고는 위생을 철저히 해야 하며 4℃를 유지해야 한다.

문제 78 입관시에 환경오염의 발생 원인이 되는 물건에 속하지 않는 것은?
( )

① 두꺼운 서적
② 비닐제품
③ 화학합성섬유제품
④ 발포 스티로폼 제품

[정답] ❶
[해설] 두꺼운 서적은 가연물질이지만 연소를 방해할 수 있는 물건에 속한다.

문제 79 장례 후 3일 내지 4일이 지난 후에 지내는 제사를 무엇이라 하는가?
( )

① 삼우제
② 반우제
③ 위령제
④ 영위

[정답] ❶
[해설] 장지에서 돌아오는 날 저녁에 초우제, 강일(剛日-홀수일)이 아닌 유일(柔日-짝수일) 아침에 재우제를 지내고, 그 다음날인 강일(剛日-홀수일) 아침에 집에서 제사를 지내고 묘소에 가서 삼우제를 지낸다.

문제 80 통상적인 장례절차의 순서가 맞는 것은? ( )

① 임종 - 염습 - 수시 - 성복 - 발인
② 임종 - 수시 - 염습 - 발인 - 성복
③ 임종 - 성복 - 수시 - 염습 - 발인
④ 임종 - 수시 - 염습 - 성복 - 발인

[정답] ❹
[해설] 발인까지의 의례순서는 임종 - 수시 - 염습 - 입관 - 성복 - 발인 - 화장(매장)

PART 01 | 장례학개론

문제 81 장례의식을 하는 이유가 아닌 것은? (   )

① 죽은 자에 대한 애도와 함께 죽은이를 보내는 의례.

② 유족들로 하여금 다시 정상적인 생활을 하도록 도와준다.

③ 죽음에 대한 원인을 분석하고 정리하여 결과를 도출하기 위한 기간.

④ 죽음을 통해 현재의 삶을 더욱 의미 있게 만드는 것.

[정답] ❸
[해설] ③번은 부검의 원인이 될 수 있다.

문제 82 반려동물의 장례기간은? (접수에서 반우제까지). (   )

① 1일   ② 1일~2일
③ 3일~5일   ④ 5일

[정답] ❷
[해설] 대부분 1일로 장례가 마무리 되는데 간혹 집에서 하룻밤을 지내고 장례식장으로 이동하여 화장을 하는 2일장이 이기도 한다. 이럴 경우에는 충분한 위생처리를 하고 수시와 염습을 하여 상자나 관에 담아두는 게 좋다.

문제 83 중국의 현재 반려동물의 연간 사망 숫자는 얼마인가? (   )

① 약 10만 마리   ② 약 100만 마리
③ 약 1,000만 마리   ④ 약 1억 마리

[정답] ❸
[해설] 2008년 동물방역법이 제정되어 개인의 사체처리를 금지하고 있는데 연간 사망하는 반려동물의 숫자는 약 1,000만 마리에 이른다.

문제 84 동물병원에서 수의사를 보조하여 동물을 검사 및 진료를 하는 직업은?
(   )

① 수간호사　　　　　　② 간호원
③ 간호보조원　　　　　④ 동물복지간호사

[정답] ❹
[해설] 공인 민간자격증을 취득하여 취업할 수 있으며 '동물복지간호사'라 한다.

문제 85 펫시터의 주 업무가 아닌 것은? (   )

① 나쁜 습관 교정　　　② 사료주기
③ 배변 돌보기　　　　④ 건강 체크

[정답] ❶
[해설] 나쁜 습관 교정을 하는 직업을 '도그워크'라 한다.

문제 86 반려동물 수시 과정에서 하는 업무가 아닌 것은? (   )

① 염습 전의 마지막 모습을 반려동물 가족들이 애도를 할 수 있는 시간을 갖게 한다.
② 수의를 입히고 입관을 진행하는 과정이다.
③ 알코올 솜이나 면봉, 탈취용 소독약품으로 반려동물 깨끗이 닦고 이물질이 나올 수 있는 신체 부위를 솜으로 막는다.
④ 소독이 끝나면 털을 정리하고 한지나 염지로 사체를 정리하여 묶는다.

[정답] ❷
[해설] ②번은 수시 과정이 끝난 후에 실시하는 과정이다.

PART 01 | 장례학개론

문제 87　반려동물의 장례매뉴얼 중 사전매뉴얼에 속하지 않는 것은? (　　)

① 수의나 장례 시 입힐 옷을 준비한다.
② 반려동물의 죽음을 주변에 알리게 한다.
③ 인사를 하거나 편지 등을 작성한다.
④ 유품을 정리하게 하여 가족의 마음을 정리하는데 도움을 준다.

[정답] ④
[해설] 유품정리는 반려동물의 장례가 끝난 후에 집으로 돌아와 하는 업무이다.

문제 88　반려견의 평균 수명은? (　　)

① 3년~5년
② 5년~10년
③ 10~20년
④ 20~30년

[정답] ③
[해설] 20년 이상 생존하는 반려견도 있지만 대부분의 반려견의 수명은 10~20년으로 본다.

문제 89　반려동물 가족 상담의 목적이 아닌 것은? (　　)

① 상실로 인한 고통을 장례식이라는 의식을 통해 표현하게 하는 것
② 반려동물을 가족처럼 지냈다는 의식의 알리기 위해서
③ 좋은 곳에 갔다는 확신을 통해 건강과 지속적인 기능을 유지하게 하는 것
④ 건강한 자아상을 발견하고 새로운 희망을 발견하게 해 주기 위해서

[정답] ②
[해설] 장례식이라는 의식을 통해 오랫동안 함께 생활했던 반려동물을 좋은 곳에 보내줄 수 있다는 희망과 그 업무를 통해 건강한 자아상과 희망을 갖게 되는데 외부에 알리기 위한 의식은 답이 아니다.

문제 90 펫로스의 증세가 아닌 것은? (   )

① 반려동물을 대신해서 자신의 죽음을 선택하지 못했다는 후회

② 반려동물의 죽음에 대한 부정

③ 반려동물을 좀 더 잘 돌보지 못했다는 자책감

④ 분노와 슬픔의 결과로 오는 우울증 등

[정답] ❶
[해설] ①번에서 자신의 죽음을 선택하지 못해 후회한다는 것은 지나친 과장이다.

문제 91 펫로스 증후군 예방과 해결방법이 아닌 것은? (   )

① 반려동물 입양할 때 동물은 사람보다 먼저 죽을 수 있다는 사실을 인지해야 한다.

② 반려동물의 죽음을 경험한 사람들과 슬픔을 공유하는 것이 좋다.

③ 환청, 환각 등의 증세가 나타나거나 감정 변화가 한 달 이상 계속되면 병원을 찾아야 한다.

④ 먼저 죽은 반려동물에게 적개심을 갖도록 노력하고 원망하면서 잊도록 노력한다.

[정답] ❹
[해설] 반려동물에 대한 적개심이나 원망은 펫로스 증후군 치료에 도움이 되지 않는다.

PART 01 | 장례학개론

문제 92 건전가정의례준칙에서 사람의 장례일정 중 맞는 것은? (   )

① 5일장을 기본이며 발인제, 위령제는 지내되 노제, 반우제, 삼우제는
   생략할 수 있다.

② 상복과 상장은 탈상 일까지로 한다.

③ 수시와 연습, 입관을 동시에 실시한 후 성복례를 실시한다.

④ 염습 시간에 유가족은 메르스 등 위생상의 문제가 발생할 수 있으므로
   빈소에 대기한다.

[정답] ❸
[해설] 3일장이 기본이며 상복은 장일까지만 입고, 염습시간에 위생 상태를 유지하고 참관하는 것이 통상적인 업무이며, 과거와 달리 지금은 대부분 임종 다음날 수시와 염습, 그리고 입관 절차가 끝나면 빈소로 돌아와 상복을 갖추어 입고 성복제 제사를 지낸다.

문제 93 반려동물 염습 시에 준비할 장비와 용품 중 필요하지 않은 물품은? (   )

① 위생복, 위생마스크, 위생장갑, 탈지면, 알코올, 면봉

② 핀셋, 빗, 폐기물 처리용 봉지, 염지, 턱보공, 하대, 베게

③ 변사체 이동용 매트, 연습용 매트(출장시), 수의, 관, 유골함

④ 장식용 꽃, 영정사진틀, 촛대, 향합, 제수용 반려동물 간식

[정답] ❷
[해설] 하대와 베게는 사람의 장례 시에만 필요로 한다.

문제 94 장례용품 업체에서 공급되는 반려동물의 수의 중 주종을 이루는 재질은?
(   )

① 한지수의   ② 비단수의
③ 인견수의   ④ 삼베수의

[정답] ❹
[해설] 삼베로 만든 수의가 대부분이며, 종이나 면으로 제작된 것들도 있다.

문제 95 입관 시 담지 말아야 물건 중 가연물질이지만 연소방해로 잘 타지 않는 것은?
(   )

① 화학합성섬유제품   ② 스프레이 통 등 폭발물
③ 서적   ④ 안경, 시기 등 유리제품

[정답] ❸
[해설] 두꺼운 서적은 연소 중에 불완전 연소상태인 종이의 재가 환기구나 화장시설을 막아 고장의 원인이 되기도 한다.

문제 96 반려동물장례지도사의 자세 중 다음 괄호에 맞는 단어는? (   )

> 염습을 하는 대상은 반려동물이지만 반려동물 가족이 입은 (   )을 치유해 준다는 자세가 필요하다.

① 이별의 슬픈 마음   ② 허전한 마음
③ 양가감정   ④ 복잡한 마음

[정답] ❶
[해설] 오랫동안 함께 생활한 반려자로서 이별의 슬픈 마음이 매우 클 수 있다.

PART 01 | 장례학개론

문제 97 다음 내용 중 괄호에 맞는 단어는? (   )

> 깨끗하고 위생적인 복장과 겸손한 자세, 반려동물 가족들이 이해하기 쉬운 언어 사용으로(   ) 들로부터 오래도록 반려동물 장례지도사의 고마움을 잊지 않도록 세심한 배려를 하여야 한다.

① 업주 대표
② 동료 장례지도사
③ 구경 온 이웃
④ 반려동물 가족

[정답] ❹
[해설] 반려동물장례지도사의 주고객이 반려동물 가족임을 잊지 않아야 한다.

문제 98 반려동물의 종교의식에 관한 설명 중 틀린 것은? (   )

① 반려동물의 장례의식은 동물보호법에 명시되어 있다.
② 정해진 규범이 없으므로 사람의 장례를 생각하면서 진행하면 된다.
③ 염습 후 입관 시에 종교를 표시하는 글이나 그림을 관에 넣어준다.
④ 입관 시에 반려동물의 몸을 꽁꽁 묶거나 묶지 않게 요구하는 것도 일종의 종교의식이다.

[정답] ❶
[해설] 반려동물의 장례의식에 관한 규정은 없다. 보통 사람의 장례에 준해 실시하면 된다.

문제 99 염습의 과정이 아닌 것은? (   )

① 반려동물의 크기에 적당한 수의를 준비한다.

② 상의와 하의로 나누어진 수의와 포대 형태로 제작된 것 등 수의 형태가 다양하다.

③ 수의를 입힌 후 수시를 한다.

④ 수의를 입힌 후 입관절차에 들어간다.

[정답] ③
[해설] 수시는 염습 전에 진행하는 과정이다.

문제 100 화장한 유골을 마무리하는 방법이 아닌 것은? (   )

① 납골당에 봉안

② 자연장 (수목장, 화훼장, 잔디장 등)

③ 산골장이나 지정된 곳에 산골

④ 반려동물이 다니던 길에 뿌림

[정답] ④
[해설] 지정된 곳에 흔적이 남지 않도록 묻어야 하므로 길에 뿌리게 되면 오물투기죄로 처벌을 받게된다.

PART 2
반려동물 장례행정

1. 반려동물 장사행정
반려동물 시장
동물장묘업
반려동물 행정서식

2. 법규
동물보호법
동물보호법 시행령
동물보호법 시행규칙
폐기물관리법
폐기물관리법 시행령
시행규칙

3. 장사시설
반려동물 전용 장례식장
반려동물 화장장
반려동물 납골장
자연장

PART 02 | 반려동물 장례행정

문제 1 국내 반려동물 시장의 특징으로 적당하지 않는 것은? (   )

① 시장이 계속적으로 확대되고 있다.
② 치열한 경쟁력으로 인한 차별화된 서비스가 요구되고 있다.
③ 시장이 점차 다양화, 세분화되고 있다.
④ 대기업의 진출로 소규모 신규 사업 진출이 어려워지고 있다.

[정답] ④
[해설] 대기업도 식품부분에 참여하고 있으나 아직은 기회가 많은 산업이다.

문제 2 반려동물시장 진출의 성공 전략이라고 보기 어려운 것은? (   )

① 반려동물에게 필요한 모든 용품과 서비스를 매장에서 충분히 제공할 수 있도록 준비한다.
② 고객의 수준과 지역적인 특성을 고려하여 서비스의 차별화가 이루어져야 한다.
③ 전문화와 차별화에만 역점을 둔 마케팅 전략은 실패할 가능성이 높다.
④ 친절한 서비스와 철저한 고객관리가 이루어져야 한다.

[정답] ③
[해설] 반려동물 샵의 콘셉트를 미용 잘하는 점포, 특이한 종이 많은 점포, 호텔이 있어 마음놓고 반려동물을 맡길 수 있는 점포로 인식시키는 등의 형태처럼 전문화와 차별화에 역점을 둔 마케팅 전략을 구사한다.

문제 3   동물장례업 관련 설명 중 틀린 것은? (   )

① 우리나라에서는 2007년부터 동물장묘업 등록이 가능해졌다.

② 반려동물의 사체는 생활 쓰레기봉투에 담아 버리기, 의료폐기물로서 처리, 동물장묘업체 이용하여 화장 등 3가지 방법이 있다.

③ 동물 납골시설은 허가제이다.

④ 최근 장례업체를 이용하는 추세가 급격히 늘고 있다.

[정답] ❸
[해설] 동물장묘업(動物葬墓業)을 영위하고자 하는 자는 농림수산식품부령으로 정하는 기준에 맞는 시설과 인력을 갖추어야 하며, 농림수산식품부령으로 정하는 바에 따라 시장·군수·구청장에게 등록을 하여야 하며, 또한 등록을 한 자가 농림수산식품부령으로 정하는 사항을 변경하거나 폐업·휴업 또는 그 영업을 재개하려는 경우에는 미리 시장·군수·구청장에게 신고를 하여야 한다.

문제 4   다음의 정의가 동물보호법상의 내용과 다른 것은? (   )

① 동물장묘업 - 동물전용의 장례식장·화장장 및 납골시설을 설치·운영하는 영업

② 동물판매업 - 소비자에게 동물보호법 제35조 제1항에 따른 동물을 판매하거나 알선하는 영업

③ 동물수입업 - 동물보호법 제35조 제1항에 따른 동물을 수입하여 동물판매업자에게 판매하는 영업

④ 동물생산업 - 동물보호법 제35조 제1항에 따른 동물을 번식시켜 동물판매업자, 동물수입업자 등 영업자에게 판매하는 영업

[정답] ❸
[해설] 동물수입업 - 동물보호법 제35조 제1항에 따른 동물을 수입하여 동물판매업자, 동물생산업자 중 영업자에게 판매하는 영업.

반려동물 장례행정

문제 5 동물보호법 중 동물장묘업의 범위에 해당하지 않은 것은? (   )

① 동물전용의 장례식장
② 동물화장 시설
③ 동물건조장 시설
④ 동물전용의 장례용품 제작업체

[정답] ④
[해설] 동물전용의 장례식장, 동물의 사체 또는 유골을 불에 태우는 방법으로 처리하는 시설[동물화장(火葬)시설] 또는 건조·멸균분쇄의 방법으로 처리하는 시설[동물건조장(乾燥葬) 시설], 동물전용의 납골시설.

문제 6 동물장묘업의 등록에 대한 설명 중 틀린 것은? (   )

① 장례식장은 분향실을 갖추어야 한다.
② 납골시설은 유골을 개별적으로 확인할 수 있도록 표지판이 붙어 있어야 한다.
③ 화장로의 작업내용을 확인할 수 있는 폐쇄회로 녹화장치를 설치하여야 한다.
④ 동물 사체는 곧바로 분쇄할 수 있는 시설을 갖추어야 한다.

[정답] ④
[해설] 화장장은 다음의 설비조건 :
ㄱ. 화장로는 동물의 사체 또는 유골을 완전 연소시킬 수 있는 구조여야 하고 다른 시설과 격리되어야 한다.
ㄴ. 화장로의 작업내용을 확인할 수 있는 폐쇄회로 녹화장치를 설치하여야 한다.
ㄷ. 동물 사체를 보관할 수 있는 냉동시설을 갖추어야 한다.
ㄹ. [폐기물관리법 시행규칙] 별표14에 따른 기술 관리인을 두어야 한다.

문제 7 동물장묘업 등록을 하려는 자의 등록서류가 아닌 것은? (   )

① 멸균분쇄시설 설치검사 결과서   ② 영업장의 시설 내역 및 배치도
③ 사업계획서   ④ 인력 현황

[정답] ①
[해설] '멸균분쇄시설 설치검사 결과서'는 필요하지 않는다.

문제 8 동물장묘업 등록신청시 행정기관 확인사항의 내용에 해당되지 않는 것은?
( )

① 신청인의 주민등록표 등본   ② 법인인 경우 법인세 납입확인서
③ 건축물대장   ④ 토지이용계획 확인서

[정답] ❷
[해설] 법인인 경우 법인등기사항증명서를 제출하여야 한다.

문제 9 동물장묘업 등록의 결격 요건에 해당하지 않는 것은? (   )

① 동물판매업 등록이 취소된 후 3년이 지나지 않은 자(법인의 경우 그 대표자 포함)가 다시 동물장묘업을 등록하려는 경우

② 등록을 하려는 자(법인의 경우 임원을 포함)가 미성년자, 한정치산자, 금치산자인 경우

③ 등록을 하려는 자가 이 법률을 위반하여 벌금형 이상의 형을 선고받고 확정된 날로부터 1년이 경과되지 아니한 경우

④ 시설 및 인력의 준비가 기준에 맞게 준비하지 못했을 경우

[정답] ❶
[해설] 동물보호법 제38조 제1항에 따라 등록이 취소된 후 1년이 지나지 아니한 자(법인인 경우에는 그 대표자를 포함한다)가 취소된 업종과 같은 업종을 등록하려는 경우.

반려동물 장례행정

문제 10 동물장묘업자의 준수사항에 해당하지 않는 것은? (   )

① 동물 사체를 화장한 경우에는 동물소유자에게 동물장묘업 등록번호를 기재한 서류를 주어야 한다.

② 동물 사체를 화장한 경우에는 동물소유자에게 동물장묘업 업소명을 기재한 서류를 주어야 한다.

③ 동물 사체를 화장한 경우에는 동물소유자에게 동물의 종류 및 무게를 기재한 서류를 주어야 한다.

④ 화장 작업은 그 상황을 녹화하여 3년간 보관하여야 한다.

[정답] ④
[해설] 화장 작업은 그 상황을 녹화하여 1년간 보관하여야 한다.

문제 11 동물장묘업 등록사항의 변경신고 등에 관한 설명 중 틀린 것은? (   )

① 동물장묘업의 등록사항 변경신고를 하려는 자는 변경신고서를 작성하여 시장·군수·구청장에게 등록증을 첨부하여 제출한다.

② 동물장묘업의 등록사항 변경신고를 하려는 자는 변경신고서를 작성하여 시장·군수·구청장에게 영업시설의 변경 내역서를 첨부하여 제출한다.

③ 영업장의 소재지를 변경하려는 경우에는 폐기물처리시설 설치승인서 또는 설치신고 증명서 사본을 첨부하여 제출한다.

④ 영업장의 소재지를 변경하려는 경우에는 폐기물처리시설 설치계획서를 첨부하여 제출한다.

[정답] ④
[해설] 폐기물처리시설 설치계획서는 필요하지 않는다.

문제 12   영업시설의 전부를 인수한 자가 그 영업자의 지위를 승계하는 적법한 절차에 해당하지 않는 것은? (   )

① 민사집행법에 따른 공매
② 형사집행법에 따른 경매
③ 채무자 회생 및 파산에 관한 법률에 따른 환가(換價)
④ 국세징수법 · 관세법 또는 지방세법에 따른 압류재산의 매각

[정답] ❷
[해설] 형사집행법에 따른 경매는 해당되지 않는다.

문제 13   동물관련 영업의 승계에 대한 설명 중 틀린 것은? (   )

① 영업신고를 한 자가 그 영업을 양도하거나 사망하였을 때에는 그 영업자의 지위를 승계한다.
② 양수인 · 상속인 또는 합병 후 존속하는 법인이나 합병으로 설립되는 법인은 그 영업자의 지위를 승계한다.
③ 영업자의 지위를 승계한자는 승계한 날로부터 30일 이내에 시장 · 군수 · 구청장에게 신고하여야 한다.
④ 영업자의 지위를 승계한자는 승계한 날로부터 60일 이내에 시장 · 군수 · 구청장에게 신고하여야 한다.

[정답] ❹
[해설] [해설]'승계한 날로부터 60일 이내'가 아니고 '30일 이내 신고하여야 한다.

반려동물 장례행정

문제 14 동물보호법상 동물관련 영업자(법인인 경우에는 그 대표자를 포함)와 그 종사자의 준수사항으로 볼 수 없는 것은? (   )

① 동물의 사육·관리에 관한 사항
② 동물 사체의 적정한 처리에 관한 사항
③ 영업 종사자의 교육에 관한 사항
④ 영업 판촉계획에 관한 사항

[정답] ④
[해설] 영업에 관한 내용은 포함되어 있지 않다.

문제 15 동물보호법상 동물관련 영업자 등의 교육에 관한 설명 중 틀린 것은? (   )

① 동물의 보호 및 공중위생상의 위해 방지 등에 관한 교육을 받아야 하는 자는 영업정지 처분을 받은 영업자만 해당된다.
② 교육의 실시기관, 교육 내용 및 방법 등에 관한 사항은 시장·군수·구청장이 정한다.
③ 교육을 받아야 하는 영업자로서 교육을 받지 않은 영업자는 그 영업을 해서는 안된다.
④ 교육을 받아야 하는 영업자가 두 곳 이상의 장소에서 영업을 하는 경우에는 종사자 중에서 책임자를 지정하여 영업자 대신 교육을 받게 할 수 있다.

[정답] ②
[해설] 교육의 실시기관, 교육 내용 및 방법 등에 관한 사항은 농림수산식품부령으로 정한다.

문제 16   동물관련 영업의 등록취소 사유에 해당하지 않는 것은? (   )

① 동물에 대한 학대행위 등을 한 경우
② 거짓이나 그밖의 부정한 방법으로 등록을 한것이 판명된 경우
③ 등록 또는 신고한 날부터 6개월이 지나도 영업을 시작하지 않는 경우
④ 신고를 하지 않고 영업을 한 경우

[정답] ❸
[해설] 등록 또는 신고한 날부터 6개월이 아니고, 1년이 지나도 영업을 시작하지 않는 경우

문제 17   동물관련 영업의 취소에 대한 보기의 설명 중 틀린 것은? (   )

① 등록의 취소 등의 처분의 효과는 그 처분기간이 만료된 날로부터 3년간 양수인 등에게 승계된다.
② 시장·군수·구청장은 영업자가 등록규정을 위반하였을 경우에는 농림수산식품부령으로 정하는 바에 따라 그 등록을 취소할 수 있다.
③ 시장·군수·구청장은 영업자가 등록규정을 위반하였을 경우에는 농림수산식품부령으로 정하는 바에 따라 6개월 이내의 기간을 정하여 그 영업의 전부 또는 일부의 정지를 명할 수 있다.
④ 거짓이나 그 밖의 부정한 방법으로 등록을 한것이 판명된 경우에는 등록을 취소하여야 한다.

[정답] ❶
[해설] 등록의 취소 등의 처분의 효과는 그 처분기간이 만료된 날로부터 '3년'이 아니고 '1년"간 양수인 등에게 승계된다.

PART 02 | 반려동물 장례행정

문제 18 동물보호법상 1년 이하의 징역 또는 1천만 원 이하의 벌금에 처하는 동물학대 행위에 해당하지 않는 것은? (   )

① 목을 매다는 등의 잔인한 방법으로 반려동물을 죽이는 행위

② 거짓이나 그 밖의 부정한 방법으로 동물관련 영업의 등록 및 신고를 한 자

③ 노상 등 공개된 장소에서 죽이거나 같은 종류의 다른 동물이 보는 앞에서 죽이는 행위

④ 고의로 사료 또는 물을 주지 아니하는 행위로 인하여 동물을 죽음에 이르게 하는 행위

[정답] ❷
[해설] '거짓이나 그 밖의 부정한 방법으로 동물관련 영업의 등록 및 신고를 한 자'는 등록취소에 해당함.

문제 19 동물보호법상 500만 원 이하의 벌금에 해당하지 않는 것은? (   )

① 고의로 사료 또는 물을 주지 아니하는 행위

② 동물보호법에 따른 등록 및 신고를 하지않고 동물관련 영업을 한 자

③ 거짓이나 그 밖의 방법으로 동물관련 영업의 등록 및 신고를 한 자

④ 영업정지 기간에 영업을 한 자

[정답] ❶
[해설] 고의로 사료 또는 물을 주지 아니하는 행위 - 2년 이하의 징역 또는 1천만 원 이하의 벌금에 해당.

문제 20   동물관련 영업자에 대한 등록의 취소, 영업의 전부 또는 일부의 정지에 관한 행정처분기준에 대한 설명 중 틀린 것은? (   )

① 위반 행위가 둘 이상인 경우로서 그에 해당하는 각각의 처분기준이 다른 경우에는 그중 무거운 처분기준에 따른다.

② 둘 이상의 처분기준이 같은 영업정지인 경우에는 무거운 처분기준의 2분의 1까지 늘릴 수 있다.

③ 위반행위의 횟수에 따른 행정처분기준은 최근 2년간 같은 위반행위로 행정 처분을 받은 경우에 적용한다.

④ 하나의 위반행위에 대한 처분기준이 둘 이상의 경우에는 그 중 가벼운 처분기준에 따라 처분한다.

[정답] ④
[해설] 하나의 위반행위에 대한 처분기준이 둘 이상의 경우에는 그 중 무거운 처분 기준에 따라 처분한다.

문제 21   행정처분의 감경사유의 대상으로 틀린 것은? (   )

① 위반 행위자가 처음 해당 위반행위를 한 경우로서 3년 이상 해당 영업을 모범적으로 해 온 사실이 인정되는 경우

② 위반행위가 고의나 중대한 과실이 아닌 사소한 부주위나 오류로 인한 것으로 인정되는 경우

③ 위반 행위자가 해당 위반행위로 인하여 검사로부터 기소유예 처분을 받거나 법원으로부터 선고유예의 판결을 받는 경우

④ 위반의 내용 정도가 경미하여 소비자에게 미치는 피해가 적다고 인정되는 경우

[정답] ①
[해설] 위반 행위자가 처음 해당 위반행위를 한 경우로서 1년 이상 해당 영업을 모범적으로 해 온 사실이 인정되는 경우.

반려동물 장례행정

문제 22 동물보호법의 제정 목적이 아닌 것은? (   )

① 동물에 대한 학대행위의 방지
② 동물의 생명보호·안전 보장 및 복지 증진
③ 동물의 사랑스러움을 인식하게 함
④ 건전하고 책임있는 사육문화 조성

[정답] ❸
[해설] 이 법은 동물에 대한 학대행위의 방지 등 동물을 적정하게 보호·관리하기 위하여 필요한 사항을 규정함으로써 동물의 생명보호, 안전보장 및 복지 증진을 꾀하고, 건전하고 책임 있는 사육문화를 조성하여, 동물의 생명 존중 등 국민의 정서를 함양하고 사람과 동물의 조화로운 공존에 이바지함을 목적으로 한다.

문제 23 다음 괄호에 들어 갈 단어는? (   )

> "동물"이란 고통을 느낄 수 있는 (   )가 발달한 척추동물을 말한다.

① 신경체계   ② 정신체계
③ 골격체계   ④ 신체체계

[정답] ❶
[해설] "동물"이란 고통을 느낄 수 있는 신경체계가 발달한 척추동물이다.

문제 24 동물보호의 기본원칙에 포함되지 않는 사항은? (   )

① 동물이 본래의 습성과 신체의 원형을 유지하면서 정상적으로 살 수 있도록 할 것
② 동물이 충분한 영양을 공급받아 사람에게 피해를 주지 않도록 할 것
③ 동물이 고통·상해 및 질병으로부터 자유롭도록 할 것
④ 동물이 공포와 스트레스를 받지 아니하도록 할 것

[정답] ②
[해설] 동물보호법 제3조
1. 동물이 본래의 습성과 신체의 원형을 유지하면서 정상적으로 살 수 있도록 할 것.
2. 동물이 갈증 및 굶주림을 겪거나 영양이 결핍되지 아니하도록 할 것.
3. 동물이 정상적인 행동을 표현할 수 있고 불편함을 겪지 아니하도록 할 것.
4. 동물이 고통·상해 및 질병으로부터 자유롭도록 할 것.
5. 동물이 공포와 스트레스를 받지 아니하도록 할 것

문제 25 '동물소유자 등'에 해당되지 않는 사람은? (   )

① 사육하는 사람   ② 구경하는 사람
③ 관리하는 사람   ④ 보호하는 사람

[정답] ②
[해설] "소유자등"이란 동물의 소유자와 일시적 또는 영구적으로 동물을 사육·관리 또는 보호하는 사람을 말한다.

문제 26 동물보호법에 규정한 영업행위에 속하지 않는 업종은? (   )

① 동물장묘업   ② 동물용품업
③ 동물생산업   ④ 동물운송업

[정답] ④
[해설] 동물보호법의 영업의 범위는 - 동물장묘업, 동물판매업, 동물수입업, 동물생산업 등으로 분류한다.

PART 02 | 반려동물 장례행정

문제 27 동물보호법에서 정한 영업을 하기 위한 등록관청은? (   )

① 읍·면·동사무소   ② 시장·군수·구청장
③ 광역시장 · 도지사   ④ 농림축산식품부장관

[정답] ❷
[해설] 시장·군수·구청장이 신청을 접수하고 등록증을 발급한다.

문제 28 영업 등록을 하려는 자가 이 법을 위반하여 벌금 이상의 형을 선고받고 그 형이 확정된 후 다시 등록을 할 수 있는 기간은? (   )

① 6개월   ② 1년
③ 3년   ④ 5년

[정답] ❷
[해설] 영업 등록을 하려는 자가 이 법을 위반하여 벌금 이상의 형을 선고받고 그 형이 확정된 후 다시 등록을 할 수 있는 기간은 1년이다.

문제 29 관계공무원이 영업체를 출입·검사를 하고자 할 때 7일 전까지 통보해야 하는 사항이 아닌 것은? (   )

① 대동하는 단체장의 신분
② 출입·검사 목적
③ 기간과 장소
④ 관계 공무원의 성명과 직위

[정답] ❶
[해설] 출입·검사를 할 때에는 출입·검사 시작 7일 전까지 대상자에게 다음 각호의 사항이 포함된 출입·검사 계획을 통지하여야 한다. 다만, 출입·검사 계획을 미리 통지할 경우 그 목적을 달성할 수 없다고 인정하는 경우에는 출입·검사를 착수할 때에 통지할 수 있다.
1. 출입검사 목적. 2. 출입·검사 기간 및 장소. 3. 관계 공무원의 성명과 직위. 4. 출입·검사의 범위 및 내용. 5. 제출할 자료. (법률 제6장 보칙 39조 ③항)

문제 30 맹견에 속하지 않는 반려동물은? (   )

① 도사견
② 피불 테리어
③ 샴고양이
④ 로트와일러

[정답] ❸
[해설] 샴고양이는 단모종 고양이에 속한다.

문제 31 동물복지위원회의 위원의 임기는? (   )

① 1년
② 2년
③ 3년
④ 5년

[정답] ❷
[해설] 동물보호법 시행령 제6조 ③ 항 - 위원의 임기는 2년으로 한다.

문제 32 동물보호법 시행령에서 말하는 동물실험 금지 동물이 아닌 것은? (   )

① 장애인 보조견
② 수입한 식용동물
③ 소방청·경찰청에서 수색·구조 활동에 이용되는 동물
④ 국방부·관세청에서 이용하는 동물

[정답] ❷
[해설] 시행령 제10조 - 식용동물은 해당되지 않는다.

반려동물 장례행정

문제 33 동물의 도살방법에 속하지 않는 방법은? (   )

① 가스법　　　　　　② 익사법
③ 전살법　　　　　　④ 총격법

[정답] ②
[해설] 시행규칙 제6조 동물의 도살방법
　　　 1. 가스법, 약물 투여. 2. 전살법, 타격법, 총격법, 자격법.

문제 34 소유권을 취득한 후 동물의 동물등록 신청을 신청해야 하는 기간은? (   )

① 10일　　　　　　② 20일
③ 30일　　　　　　④ 6개월 이내

[정답] ③
[해설] 동물을 등록하려는 자는 동물의 소유권을 취득한 날 또는 소유한 동물이 등록대상동물이 된 날부터 30일 이내에 동물등록 신청서(변경신고서)를 시장·군수·구청장에게 제출하여야 한다. 이 경우 시장·군수·구청장은 「전자정부법」 제36조제1항에 따른 행정정보의 공동이용을 통하여 주민등록표 초본을 확인하여야 하며, 신청인이 확인에 동의하지 아니하는 경우에는 해당서류를 첨부하게 하여야 한다.

문제 35 등록동물의 등록사항 변경신고 내용이 아닌 것은? (   )

① 소유자
② 소유자의 주소와 전화번호
③ 등록대상동물의 생년월일
④ 등록대상동물이 죽은 경우

[정답] ③
[해설] 등록대상동물의 생년월일은 해당되지 않는다 - 시행규칙 제9조 ①항

문제 36   등록업무를 대행할 수 없는 기관은? (   )

① 수의사법에 의한 동물병원
② 동물보호를 목적으로 하는 비영리단체
③ 동물보호센터
④ 법원 등기소

[정답] ④
[해설] 시행규칙 제10조 ①항 - 법원 등기소는 해당되지 않는다.

문제 37   등록대상동물의 인식표에 표기하지 않아도 되는 사항은? (   )

① 동물의 원산지
② 소유자의 성명
③ 소유자의 전화번호
④ 동물등록번호(기 등록한 동물)

[정답] ①
[해설] 동물의 원산지는 해당되지 않는다 - 시행규칙 제11조.

문제 38   맹견을 동반하고 외출 시 입마개를 하지 않아도 되는 월령은?
(   )

① 1개월 이하   ② 3개월 이하
③ 6개월 이하   ④ 1년 이하

[정답] ②
[해설] 월령이 3개월 이상인 맹견을 동반하고 외출할 때에는 농림축산식품부령으로 정하는 바에 따라 목줄 및 입마개 등 안전장치를 하거나 맹견의 탈출을 방지할 수 있는 적정한 이동장치를 할 것.- 법 제13조의2 ①항.

PART 02 | 반려동물 장례행정

문제 39 동물장묘업은 다음 종류 중 하나 이상의 시설을 설치·운영하는 것을 의미한다. 장묘업에 포함되지 않는 시설은? (   )

① 이동식 장례차량
② 동물전용의 장례식장
③ 화장장 또는 동물건조장
④ 동물전용의 봉안시설

[정답] ❶
[해설] 이동식 장례차량은 시설에 포함되지 않는다.

문제 40 반려동물 전용 장례식장에 꼭 갖추어야 할 시설이 아닌 것은? (   )

① 상담실   ② 분향실
③ 자연장 시설   ④ 염습실

[정답] ❸
[해설] 자연장 시설은 선택사항에 속한다.

문제 41 반려동물 화장장이 토탈형태로 운영할 수 있는 시설은? (   )

① 장례식장 - 화장장 - 납골당 - 자연장
② 장례식장 - 동물 미용실 - 접객실 - 화장장
③ 동물병원 - 화장장 - 납골당 - 동물 미용실
④ 동물병원 - 장례식장 - 화장장 - 동물사진관

[정답] ❶
[해설] 장례식장 - 화장장 - 납골당 - 자연장이 보통의 시설이다.

문제 42 화장로를 설치시 1시간에 소각할 수 있는 최소 용량은? (   )

① 10Kg　　　　　　　　② 20Kg
③ 25Kg　　　　　　　　④ 30Kg

[정답] ❸
[해설] 교재 장사시설의 반려동물 화장장 참조 - 화장로 : 화장로는 반려동물을 화장하는 시설로 지방자치단체에서 개수 지정하여 설치할 수 있으며, 1시간당 25Kg 이상 소각할 수 있는 시설이어야 한다.

문제 43 화장로의 최소 출구온도는? (   )

① 700℃　　　　　　　② 800℃
③ 900℃　　　　　　　④ 1,000℃

[정답] ❷
[해설] 연소실, 분해실 등 소각시설의 출구온도는 800℃ 이상이어야 한다.

문제 44 반려동물 유골을 보석화 작업의 시초인 2004년 '알고르단자'란 이름으로 탄소를 추출하여 다이아몬드를 만드는 기술을 개발하여 상품화한 나라는? (   )

① 미국　　　　　　　　② 영국
③ 스코틀랜드　　　　　④ 스위스

[정답] ❹
[해설] [해설]'알고르단자(Algordanza)'란 이름으로 2004년 스위스에서 시작된 유골의 보석화 작업은 유골에서 탄소를 추출하여 다이아몬드를 만드는 기술이다. '알고르단자'는 스위스 고유어로 추억을 의미한다고 한다. 이 업체가 자체 개발하여 만든 스톤은 상당한 가치를 인정받는 기술이라고 한다.

PART 02 | 반려동물 장례행정

문제 45 우리나라에서 주로 사용하는 고온의 방법으로 제작하는 보석화 작업(사리 형태)에 사용하는 연료는? (   )

① 산소+LPG   ② 탄소
③ 아르곤   ④ 산소+LPG

[정답] ④
[해설] 산소+LPG로 가열하는 레스틴피스 방법, 유골을 완전 연소시켜 제작하는 플라즈마 방법 등이 있다.

문제 46 자연장에 속하지 않는 장례방법은? (   )

① 산골   ② 수목장
③ 화훼장   ④ 잔디장

[정답] ①
[해설] 산골은 유골을 뿌려서 버리는 방법이다.

문제 47 동물보호법에서 말하는 동물학대의 내용이 아닌 것은? (   )

① 정당한 사유 없이 신체적 고통을 주는 행위
② 분만이나 병의 치유를 위해 과한 영양식을 주는 행위
③ 정당한 사유 없이 스트레스를 주는 행위
④ 굶주림, 질병 등에 대한 적절한 조치를 게을리 하거나 방치하는 행위

[정답] ②
[해설] 과한 영양식 공급은 동물학대 행위라고 볼 수 없다.

문제 48   국가나 지방자치단체가 보호·관리해야 하는 동물이 아닌 것은?
         (   )

① 도로·공원 등에서 배회 또는 내버려진 동물
② 맹견으로 보이는 동물
③ 반려동물 주인이 잠시 끈을 풀어주어 산책하는 동물
④ 등록대상동물로써 등록을 하지 않은 동물을 발견했을 때

[정답] ③
[해설] 주인이 있는 동물까지 보호·관리해야 할 의무는 없다.

문제 49   동물을 도살할 때 해서는 안 되는 행위가 아닌 것은? (   )

① 혐오감을 주는 행위
② 잔인한 방법으로 죽게하는 행위
③ 고통이나 공포, 스트레스를 주는 행위
④ 마취 후 안락사하는 경우

[정답] ④
[해설] 마취와 안락사는 정상적인 도살방법에 속한다.

문제 50   맹견의 소유자가 출입을 자제해야 하는 장소가 아닌 곳은? (   )

① 영유아법에 의한 어린이집
② 유아교육법에 의한 유치원
③ 훈련 중인 군부대
④ 초·중등교육법에 의한 초등학교와 특수학교

[정답] ③
[해설] '훈련중인 군부대'는 해당되지 않는다.

PART 02 | 반려동물 장례행정

문제 51   폐기물 관리법의 목적에 속하지 않는 것은? (   )

① 국민 살림에 보탬이 되는 재활용품만 효율적으로 처리
② 폐기물의 발생을 최대한 억제
③ 발생한 폐기물을 친환경적으로 처리
④ 환경보전과 국민생활의 질적 향상에 이바지

[정답] ❶
[해설] 폐기물의 발생을 최대한 억제하고 발생한 폐기물을 친환경적으로 처리함으로써 환경보전과 국민생활의 질적 향상에 이바지하는 것을 목적으로 한다.

문제 52   생활폐기물에 속하지 않는 폐기물은? (   )

① 가정에서 나오는 비닐
② 가정에서 나오는 건축폐기물
③ 음식찌꺼기
④ 사업장폐기물

[정답] ❹
[해설] "생활폐기물"이란 사업장폐기물 외의 폐기물을 말한다.

문제 53   지정폐기물이 아닌 것은? (   )

① 폐유   ② 폐산
③ 농업폐기물   ④ 의료폐기물

[정답] ❸
[해설] "지정폐기물"이란 사업장폐기물 중 폐유·폐산 등 주변 환경을 오염시킬 수 있거나 의료폐기물(醫療廢棄物) 등 인체에 위해(危害)를 줄 수 있는 해로운 물질로서 대통령령으로 정하는 폐기물을 말한다.

문제 54   의료폐기물 전용용기의 용도가 아닌 것은? (   )

① 수집   ② 소독
③ 운반   ④ 보관

[정답] ❷
[해설] "의료폐기물 전용용기"란 의료폐기물로 인한 감염 등의 위해 방지를 위하여 의료폐기물을 넣어 수집·운반 또는 보관에 사용하는 용기를 말한다.

문제 55   '폐기물처리시설'에 속하지 않는 내용은? (   )

① 중간처분시설   ② 최종처분시설
③ 재활용시설   ④ 수거시설

[정답] ❹
[해설] "폐기물처리시설"이란 폐기물의 중간처분시설, 최종처분시설 및 재활용시설로서 대통령령으로 정하는 시설을 말한다.

문제 56   폐기물관리에 있어서 국민의 책무에 속하지 않는 것은? (   )

① 자연환경과 생활환경을 청결히 유지
② 식생활의 서구화 유도
③ 폐기물의 감량화(減量化)
④ 자원화를 위하여 노력

[정답] ❷
[해설] 모든 국민은 자연환경과 생활환경을 청결히 유지하고, 폐기물의 감량화(減量化)와 자원화를 위하여 노력하여야 한다.

PART 02 | 반려동물 장례행정

문제 57 동물의 사체는 (　　)에 속하는 위해의료폐기물에 속한다. 괄호에 맞는 단어는? (　　)

① 병리계폐기물　　② 생물·화학폐기물
③ 손상성폐기물　　④ 조직물류폐기물

[정답] ❹
[해설] 조직물류폐기물 : 인체 또는 동물의 조직·장기·기관·신체의 일부, 동물의 사체, 혈액·고름 및 혈액생성물(혈청, 혈장, 혈액제제)

문제 58 폐기물 처리방법 중 소각시설에 속하지 않는 처리방법은? (　　)

① 탈수·건조시설　　② 파쇄·분쇄시설
③ 고온 소각시설　　④ 일반 소각시설

[정답] ❷
[해설] 파쇄·분쇄시설은 기계적 처분시설에 속한다.

문제 59 의료폐기물의 봉투나 용기의 표시색 가운데 동물사체가 포함된 일반의료폐기물의 표시색의 조합이 맞는 것은? (　　)

① 붉은색-검정색　　② 붉은색-노란색
③ 노란색-녹색　　④ 검정색-노란색

[정답] ❹
[해설] 격리의료폐기물-붉은색, 위해·일반의료폐기물 중 봉투형용기-검정색, 상자형용기-노란색, 재활용폐기물(태반등)-녹색.

문제 60 장례식장은 밝고 깨끗한 시설과 환경, 그리고 교육을 이수한 (   )들의 숙련된 훈련이 필요한 곳이다. 알맞은 단어는? (   )

① 수의사   ② 반려동물 간호사
③ 반려동물 장례지도사   ④ 열관리 기사

[정답] ❸
[해설] 장례식장은 가족같이 함께 지낸 반려동물의 죽음을 갈무리하러 오는 장소로 슬픔에 빠진 반려동물 가족들의 입장을 고려하여 밝고 깨끗한 시설과 환경, 그리고 교육을 이수한 반려동물 장례지도사들의 숙련된 훈련이 필요한 곳이다.

문제 61 동물장례식장의 염습실에서 하는 업무는? (   )

① 상담하는 곳
② 반려동물의 몸을 닦이고 수의를 입히는 곳
③ 분향하는 곳
④ 화장하는 곳

[정답] ❷
[해설] 염습실 - 반려동물에게 몸을 닦이고 수의를 입혀 관에 담아 화장장으로 이동하는 장소이다.

문제 62 동물화장장은 누구에게서 허가를 받아야 하나? (   )

① 농림수산식품부장관   ② 시·도지사
③ 시·군·구청장   ④ 읍·면·동장

[정답] ❸
[해설] 시설은 지방자치단체(시·군·구청장)에 허가를 얻어야 운영할 수 있다.

PART 02 | 반려동물 장례행정

문제 63 현행법상 화장장에 설치할 수 있는 화장로의 수는? (   )

① 1기
② 3기
③ 5기
④ 10기

[정답] ②
[해설] 화장로 : 화장로는 반려동물을 화장하는 시설로 3기 이내를 설치할 수 있으며, 1시간당 25Kg 이상 소각할 수 있는 시설이어야 한다.

문제 64 자연장의 종류에 속하지 않는 방법은? (   )

① 산골장
② 수목장
③ 화훼장
④ 잔디장

[정답] ①
[해설] 자연장이란 사람의 장례에서는 수목장, 화훼장, 잔디장 등의 자연장이 있으나, 반려동물 쪽에서는 명확한 법적 규정이 없는 것이 현실이다. 하지만 반려동물의 매장은 불법이므로 화장한 유골을 사람의 유골처럼 자연장 하는 것은 무리가 아니다.

문제 65 거세, 뿔 없애기, 꼬리 자르기 등 동물에 대한 외과적 수술을 하는 사람은 (   )에 따라야 한다. 괄호에 맞는 단어는? (   )

① 과학적 방법
② 동물학적 방법
③ 인공적 방법
④ 수의학적 방법

[정답] ④
[해설] 거세, 뿔 없애기, 꼬리 자르기 등 동물에 대한 외과적 수술을 하는 사람은 수의학적 방법에 따라야 한다.

문제 66   동물보호센터의 지정을 취소할 수 있는 사항이 아닌 것은? (   )

① 거짓이나 그 밖의 부정한 방법으로 지정을 받은 경우
② 동물의 구조·보호조치 등 지정기준에 맞지 아니하게 된 경우
③ 동물보호센터 임직원의 업무태만에 대한 지적을 받은 경우
④ 동물의 구조·보호조치 등에 드는 비용을 거짓으로 청구한 경우

[정답] ❸
[해설] 임직원의 업무태만이 징계사유는 될 수 있으나 지정취소 사유에는 해당되지 않는다.

문제 67   동물실험의 원칙에 해당되지 않는 사항은? (   )

① 인류의 복지 증진과 동물 생명의 존엄성을 고려하여 실시
② 비용이 적게드는 동물을 우선 선택하여 실시한다.
③ 윤리적 취급과 과학적 사용에 관한 지식과 경험을 보유한 자가 시행
④ 고통이 수반되는 실험은 진통·진정·마취제의 사용 등 고통을 덜어주기 위한 적절한 조치를 하여야 한다.

[정답] ❷
[해설] 동물실험에서의 비용계산은 불합리하다.

문제 68   반려동물 관련 종사자는 (   )가 정한 교육을 연1회 이상 받아야 한다. 괄호에 맞는 단어는? (   )

① 시·도지사   ② 읍·면·동장
③ 시·군·구청장   ④ 농림수산식품부장관

[정답] ❹
[해설] 교육의 실시기관, 교육 내용 및 방법 등에 관한 사항은 농림축산식품부령으로 정한다.

PART 02 | 반려동물 장례행정

문제 69　"대통령령으로 정하는 동물"에 속하지 않는 동물은? (　　)

　　① 식용 목적의 동물　　② 파충류
　　③ 양서류　　　　　　　④ 어류

[정답] ①
[해설] 「동물보호법」(이하 "법"이라 한다) 제2조제1호다목에서 "대통령령으로 정하는 동물"이란 파충류, 양서류 및 어류를 말한다. 다만, 식용(食用)을 목적으로 하는 것은 제외한다.

문제 70　등록동물을 잃어버린 사유로 변경신고를 받은 시장·군수·구청장은 그 사실을 등록사항에 기록하여 신고일부터 (　　)간 변경신고서를 보관하여야 한다. 괄호에 맞는 단어는? (　　)

　　① 3개월　　　　　　　② 6개월
　　③ 1년　　　　　　　　④ 2년

[정답] ③
[해설] 등록동물을 잃어버린 사유로 변경신고를 받은 시장·군수·구청장은 그 사실을 등록사항에 기록하여 신고일부터 1년간 보관하여야 하고, 1년 동안 변경 신고가 없는 경우에는 등록사항을 말소한다.

문제 71　동물의 인도적 처리 대상이 아닌 동물은? (　　)

　　① 질병 또는 상해로부터 지속적으로 고통을 받으며 살아야 할 것으로 진단한 경우
　　② 지속적으로 타동물과의 관계형성이 어려운 동물
　　③ 사람 또는 동물에게 질병을 옮기거나 위해를 끼칠 우려가 매우 높은 것으로 진단한 경우
　　④ 기증 또는 분양이 곤란한 경우 등 부득이한 사정이 있다고 인정하는 경우

[정답] ②
[해설] 개인적인 사유로 인한 처리는 해당되지 않는다.

문제 72   동물생산업을 하려는 자가 허가신청서에 첨부해야 하는 서류가 아닌 것은?
( )

① 영업장의 시설 내역 및 배치도
② 인력 현황
③ 폐업 시 동물의 처리계획서
④ 허가증

[정답] ④
[해설] 허가증은 허가심의가 끝난 후에 발급되는 서류이다.

문제 73   동물판매업자 등은 등록 또는 허가신청일로부터 1년 이내에 3시간의 교육을 받아야 한다. 영업정지 처분을 받은 자가 받아야 하는 교육의 내용은? ( )

① 3개월 이내 3시간
② 3개월 이내 6시간
③ 6개월 이내 3시간
④ 6개월 이내 6시간

[정답] ③
[해설] 영업정지 처분을 받은 자 - 처분을 받은 날부터 6개월 이내 3시간.

문제 74   동물판매업자 등의 교육 내용이 아닌 것은? ( )

① 동물의 보호·복지에 관한 사항
② 동물의 사육·관리 및 질병 예방에 관한 사항
③ 선진 마케팅 소개와 매출에 관한 사항
④ 영업자 준수사항에 관한 사항

[정답] ③
[해설] '선진 마케팅 소개와 매출에 관한 사항'은 교육내용에 해당되지 않는다.

PART 02 | 반려동물 장례행정

문제 75   "농림축산식품부령으로 정하는 시정명령"에 해당하는 명령이 아닌 것은?
( )

① 동물판매업자 등의 부도방지를 위한 대책
② 동물에 대한 학대행위의 중지
③ 동물에 대한 위해 방지 조치의 이행
④ 질병에 걸리거나 부상당한 동물에 대한 신속한 치료

[정답] ❶
[해설] 업체의 영업사항까지 법령으로 지정할 수 없다.

문제 76   '동물실험시행기관'이란 동물실험을 실시하는 법인·단체 또는 기관으로서
( )으로 정하는 법인·단체 또는 기관을 말한다. 괄호에 맞는 단어는?
( )

① 동물보호법   ② 동물보호법시행령
③ 동물보호법시행규칙   ④ 타부처법령

[정답] ❷
[해설] 동물실험시행기관에 관한 사항은 대통령령(동물보호법시행령)에 정해져 있다.

문제 77   국가는 동물의 적정한 보호·관리를 위하여 (   )마다 다음 각 호의
사항이 포함된 동물복지종합계획을 수립·시행하여야 하며,
지방자치단체는 국가의 계획에 적극 협조하여야 한다. 괄호에 맞는
단어는? (   )

① 1년   ② 2년
③ 3년   ④ 5년

[정답] ❹
[해설] 부처별 종합계획은 5년이 기본이다.

문제 78 도로·공원 등의 공공장소에서 소유자등이 없이 배회하거나 내버려진 동물을 부르는 명칭은? (   )

① 분실동물 ② 탈출동물
③ 유실·유기동물 ④ 도난동물

[정답] ❸
[해설] 도로·공원 등의 공공장소에서 소유자등이 없이 배회하거나 내버려진 동물을 "유실·유기동물"이라 한다.

문제 79 모든 국민은 동물을 보호하기 위한(   ) 의 시책에 적극 협조하는 등 동물의 보호를 위하여 노력하여야 한다. 괄호에 맞는 단어는? (   )

① 인권단체 ② 국가와 지방자치단체
③ 동물보호단체 ④ 지방경찰청

[정답] ❷
[해설] 모든 국민은 동물을 보호하기 위한 국가와 지방자치단체의 시책에 적극 협조하는 등 동물의 보호를 위하여 노력하여야 한다.

문제 80 소유자등은 동물에게 적합한 사료와 물을 공급하고, 운동·휴식 및 (   )이 (가) 보장되도록 노력하여야 한다. 괄호에 맞는 단어는? (   )

① 수면 ② 놀이
③ 치료 ④ 산책

[정답] ❶
[해설] (적정한 사육·관리) 소유자등은 동물에게 적합한 사료와 물을 공급하고, 운동·휴식 및 수면이 보장되도록 노력하여야 한다.

반려동물 장례행정

문제 81   소유자등은 동물을 관리하거나 (   )에는 그 동물이 새로운 환경에
          적응하는 데에 필요한 조치를 하도록 노력하여야 한다. 괄호에 맞는
          단어는? (   )

          ① 아픈 경우   ② 단식하는 경우
          ③ 다른 장소로 옮긴 경우   ④ 가족이 사망한 경우

[정답] ❸
[해설] 소유자등은 동물을 관리하거나 다른 장소로 옮긴 경우에는 그 동물이 새로운 환경에 적응하는
데에 필요한 조치를 하도록 노력하여야 한다.

문제 82   (   )등 공개된 장소에서 죽이거나 같은 종류의 다른 동물이 보는 앞에서
          죽음에 이르게 하는 행위'에서 괄호에 맞는 단어는? (   )

          ① 가정   ② 노상
          ③ 산   ④ 들

[정답] ❷
[해설] 노상 등 공개된 장소에서 죽이거나 같은 종류의 다른 동물이 보는 앞에서 죽음에 이르게 하는
행위.

문제 83   유실·유기동물이거나 피학대 동물 중 소유자를 알 수 없는 동물에게
          시행해도 가능한 행위는? (   )

          ① 포획하여 판매하거나 죽이는 행위
          ② 판매하거나 죽일 목적으로 포획하는 행위
          ③ 유실 또는 피학대 동물임을 알면서도 알선·구매하는 행위
          ④ 치료와 먹이를 주는 행위

[정답] ❹
[해설] 치료와 먹이를 주는 행위는 가능한 행위이다.

PART 02 | 반려동물 장례행정

문제 84   병든 동물, 어린 동물 또는 임신 중이거나 젖먹이가 딸린 동물을 운송할 때에는 함께 운송 중인 다른 동물에 의하여 상해를 입지 아니하도록 (   ) 등 필요한 조치를 해야 한다. 괄호에 맞는 단어는? (   )

① 칸막이의 설치 ② 침대 설치
③ 스치로폼 설치 ④ 고무튜브 설치

[정답] ❶
[해설] 병든 동물, 어린 동물 또는 임신 중이거나 젖먹이가 딸린 동물을 운송할 때에는 함께 운송 중인 다른 동물에 의하여 상해를 입지 아니하도록 칸막이의 설치 등 필요한 조치를 해야 한다.

문제 85   동물을 운송하는 차량에 필요로 하는 조치가 아닌 것은? (   )

① 상해방지 시설 ② 체온변화 대비시설
③ 식사를 잘 할수 있는 구조 ④ 호흡곤란 등 고통 최소화 구조

[정답] ❸
[해설] 동물을 운송하는 차량은 동물이 운송 중에 상해를 입지 아니하고, 급격한 체온 변화, 호흡곤란 등으로 인한 고통을 최소화할 수 있는 구조로 되어 있을 것.

문제 86   운송을 위하여 (   ) 몰이도구를 사용하지 말아야 한다. 괄호에 맞는 단어는? (   )

① 몽둥이 ② 전기
③ 채찍 ④ 먹이

[정답] ❷
[해설] 운송을 위하여 전기(電氣) 몰이도구를 사용하지 아니해야 한다.

문제 87   동물보호센터 운영의 공정성과 투명성을 확보하기 위하여
농림축산식품부령으로 정하는 일정규모 이상의 동물보호센터는
농림축산식품부령으로 정하는 바에 따라 (   )를 구성·운영하여야 한다.
괄호에 맞는 단어는? (   )

① 운영위원회   ② 법률자문위원회
③ 경영심의위원회   ④ 심의위원회

[정답] ❶
[해설] 동물보호센터 운영의 공정성과 투명성을 확보하기 위하여 농림축산식품부령으로 정하는 일정규모 이상의 동물보호센터는 농림축산식품부령으로 정하는 바에 따라 운영위원회를 구성·운영하여야 한다.

문제 88   단체장이 보호기간이 지난 동물의 반환과 관련하여 동물의 소유자에게
알려야 하는 사항이 아닌 것은? (   )

① 보호기간   ② 동물의 판매여부 확인
③ 보호비용 납부기한   ④ 보호비용 면제 내용

[정답] ❷
[해설] 단체장은 보호기간이 지나 동물의 반환과 관련하여 동물의 소유자에게 보호기간, 보호비용 납부기한 및 면제 등에 관한 사항을 알려야 한다.

PART 02 | 반려동물 장례행정

문제 89 시·도와 시·군·구가 동물의 소유권을 취득할 수 있는 경우가 아닌 것은?
( )

① 10일이 지나도 동물의 소유자등을 알 수 없는 경우
② 동물의 소유주가 보호비용을 지불하고 대기 중인 경우
③ 동물의 소유자가 그 동물의 소유권을 포기한 경우
④ 10일이 지나도 보호비용을 납부하지 아니한 경우

[정답] ❷
[해설] (동물의 소유권 취득)
공고한 날부터 10일이 지나도 동물의 소유자 등을 알 수 없는 경우.
동물의 소유자가 그 동물의 소유권을 포기한 경우.
동물의 소유자가 보호비용의 납부기한이 종료된 날부터 10일이 지나도 보호비용을 납부하지 아니한 경우.
동물의 소유자를 확인한 날부터 10일이 지나도 동물의 소유자와 연락이 되지 아니하거나 소유자가 반환받을 의사를 표시하지 아니한 경우.

문제 90 동물의 인도적인 처리방법에 따른 업무는 ( )에 의하여 시행되어야 한다. 괄호에 맞는 단어는? ( )

① 동물복지간호사 ② 반려동물장례지도사
③ 반려동물관리사 ④ 수의사

[정답] ❹
[해설] 동물의 인도적인 처리방법에 따른 업무는 수의사에 의하여 시행되어야 한다.

문제 91 영업장 시설 기준에서 동물의 습성 및 특징에 따라 채광 및 환기가 잘 되어야 하고, 동물을 위생적으로 건강하게 관리할 수 있도록 (   )와 (과) (   ) 조절이 가능해야 한다. 괄호에 맞는 단어는? (   )

① 햇빛과 바람   ② 바람과 습도
③ 온도와 습도   ④ 온도와 바람

[정답] ❸
[해설] 영업장 시설 기준에서 동물의 습성 및 특징에 따라 채광 및 환기가 잘 되어야 하고, 동물을 위생적으로 건강하게 관리할 수 있도록 온도와 습도조절이 가능해야 한다.

문제 92 소유자 등은 등록대상동물을 동반하고 외출할 때 소변을 수거하지 않아도 되는 장소는? (   )

① 엘리베이터·계단   ② 공원의 잔디 위
③ 공용 공간   ④ 평상·의자 등

[정답] ❷
[해설] 소유자등은 등록대상동물을 동반하고 외출할 때에는 농림축산식품부령으로 정하는 바에 따라 목줄 등 안전조치를 하여야 하며, 배설물(소변의 경우에는 공동주택의 엘리베이터·계단 등 건물 내부의 공용 공간 및 평상·의자 등 사람이 눕거나 앉을수 있는 기구 위의 것으로 한정한다)이 생겼을 때에는 즉시 수거하여야 한다.

문제 93 지정이 취소된 기관이나 단체를, 지정이 취소된 날부터 (   ) 이내에는 다시 동물보호센터로 지정하여서는 아니 된다. 괄호에 맞는 단어는?

① 6개월   ② 1년
③ 3년   ④ 5년

[정답] ❷
[해설] 지정이 취소된 기관이나 단체를 지정이 취소된 날부터 1년 이내에는 다시 동물보호센터로 지정하여서는 아니 된다. 다만, 제7항제4호에 따라 지정이 취소된 기관이나 단체는 지정이 취소된 날부터 2년 이내에는 다시 동물보호센터로 지정하여서는 아니된다.

PART 02 | 반려동물 장례행정

문제 94   보호조치 중인 동물에게 질병 등 (   )으로 정하는 사유가 있는 경우에는 농림축산식품부장관이 정하는 바에 따라 인도적인 방법으로 처리하여야 한다. 괄호에 맞는 단어는? (   )

① 동물보호법   ② 대통령령
③ 농림수산식품부령   ④ 시·도 조례

[정답] ❸
[해설] 보호조치 중인 동물에게 질병 등 농림수산식품부령으로 정하는 사유가 있는 경우에는 농림축산식품부장관이 정하는 바에 따라 인도적인 방법으로 처리하여야 한다.

문제 95   동물실험시행기관의 장이 동물실험을 하려면 어느 곳의 심의를 받아야 하나? (   )

① 감독위원회   ② 금융위원회
③ 심의위원회   ④ 윤리위원회

[정답] ❹
[해설] 동물실험시행기관의 장이 동물실험을 하려면 윤리위원회의 심의를 거쳐야 한다.

문제 96   동물실험을 할 수 있는 사항은? (   )

① 식용으로 정해진 동물
② 장애인 보조견 등 사역(使役)하고 있거나 사역한 동물
③ 유실·유기동물을 대상으로 하는 실험
④ 미성년자에게 해부실습을 하게 하는 행위

[정답] ❶
[해설] 식용으로 정해진 동물에 대한 제한사항은 없다.

문제 97 동물실험 윤리위원회가 하는 업무가 아닌 것은? (   )

① 동물실험에 대한 심의
② 동물실험을 시행하고 자체 평가
③ 동물실험이 원칙에 맞게 시행되도록 지도·감독
④ 동물실험시행기관의 장에게 실험동물의 보호와 윤리적인 취급을 위하여 필요한 조치 요구

[정답] ❷
[해설] 동물실험 윤리위원회는 시행하는 기관이 아니다.

문제 98 농림축산식품부장관, 시·도지사 또는 시장·군수·구청장이 실시하는 청문의 내용이 아닌 것은? (   )

① 동물보호센터의 지정취소
② 동물복지축산농장의 인증 취소
③ 무허가 업소의 양성화
④ 영업등록 또는 허가의 취소.

[정답] ❸
[해설] '무허가 업소의 양성화'는 청문의 대상이 아니다.

문제 99 동물보호감시원의 자격에서 소속 기관의 장을 호칭하는 용어는? (   )

① 감시원장   ② 조사반장
③ 윤리위원장   ④ 농림축산검역본부장

[정답] ❹
[해설] "대통령령으로 정하는 소속 기관의 장"이란 농림축산검역본부장(이하 "검역본부장"이라 한다)을 말한다.

PART 02 | 반려동물 장례행정

문제 100 동물보호감시원이 될 수 없는 사람은? (   )

① 지방공무원　　　　　　② 수의사 면허가 있는 사람
③ 축산기술사　　　　　　④ 축산산업기사

[정답] ①
[해설] 단순한 지방공무원은 자격이 안 된다.

PART 3
공중보건학

공중보건학

보건행정
질병
개·고양이 전염성 질환

위생관리

위생의 정의
환경의 종류
기후위생
주택위생
수질위생
대기위생
동물사체로 인한 질병감염 방지 및 위생관리

문제 1 공중보건의 목표의 세 가지 영역에 포함되지 않는 것은? (   )

① 건전한 성장 발육, 체력의 증강, 노동력의 증진, 수명의 연장

② 생리적으로 최적한 환경조건의 설정

③ 유해 환경의 개선

④ 전염병 질환의 방지 외에 비전염성 만성질환의 예방은 제외된다

[정답] ❸
[해설] 공중보건의 목표는 개인과 사회의 건강 유지와 증진, 건강에 적합한 환경의 정비, 질병 및 상해에 대한 대책으로 유해 환경의 개선과는 거리가 멀다.

문제 2 공중보건의 내용이 아닌 것은? (   )

① 환경 관련 분야   ② 역학 및 질병관리 분야

③ 인구·보건 분야   ④ 동물 생태 분야

[정답] ❹
[해설] 보건 관리분야도 포함되지만 동물 생태분야는 답이 아니다.

문제 3 WHO(세계보건기구)에서 제창하고 있는 건강의 정의는? (   )

① 질병이 없거나 허약하지 않은 상태

② 육체적·정신적 및 사회적 안녕의 완전한 상태

③ 육체 및 정신적으로 병원치료를 1년 이상 받지 않고 있는 상태

④ 육체 및 정신적으로 병원치료를 3년 이상 받지 않고 있는 상태

[정답] ❷
[해설] WHO(세계보건기구)에서 제창하는 건강의 정의는 "건강이란 단순히 질병이 없거나 허약하다는 것을 말하는 것이 아니라, 육체적&정신적 및 사회적 안녕의 완전한 상태"라고 하고 있다.

PART 03 | 공중보건학

문제 4 우리나라의 보건 행정에 대한 설명 중 틀린 답은? (   )

① 1977년 1월 1일부터 의료보호(의료급여)사업이 시작되었다.

② 1977년 7월 1일부터 직장 단위의 의료보험 제도가 시작되었다.

③ 식품의약품안전처는 식품·의약품 등의 안전관리업무만을 담당하도록 개편되었다.

④ 식품의약품안전처장 소속으로 식품의약안전평가원을 두고 있다.

[정답] ❸
[해설] 식품의약품안전처는 식품·의약품 등의 안전관리업무와 독서에 관한 시험 & 연구업무를 관장하고 있다.

문제 5 우리나라의 식품의약품안전처에 대한 설명 중 틀린 답은? (   )

① 식품 의약품 등의 안전관리업무와 시험·검정·연구업무 등을 수행한다.

② 기획관리관·식품안전국·의약품안전국 및 안전평가관 등의 부서로 구성되어 있다.

③ 식품의약품안전처장 소속으로 6개 지방 식품의약품안전청을 두고 있다.

④ 2008년부터 제주 식품의약품안전처가 신설 편입되었다.

[정답] ❹
[해설] 제주도는 식품의약품안전청이 없고, 서울, 부산, 경인, 대구, 광주, 대전 등지에 지방 식품의약품안정청이 있다.

문제 6 korean Network for Organ Sharing 의 약어로 'KONOS'는 어떤 기관을 말하는가? (   )

① 국립의료원　　　　　　　② 질병관리본부 장기이식관리센터
③ 중앙응급의료센터　　　　④ 식품의약품안전처

[정답] ❷
[해설] 'KONOS'는 [장기 등 이식에 관한 법률]에 의해 장기이식 등을 종합적으로 관리하는 국립장기이식 관리기관이다.

문제 7 보건·복지요원의 훈련, 전염병 및 특수질환에 관한 조사·연구·평가 업무를 관장하는 기관은? (   )

① 질병관리본부
② 중앙응급의료센터
③ 국립의료원
④ 국민건강보험공단

[정답] ❶
[해설] 질병관리본부는 보건·복지요원의 훈련, 전염병 및 특수질환에 관한 조사·연구·평가업무를 관장하고 있으며, 전염병에 관한 조사연구업무는 전염병의 전파 방지, 효과적인 예방, 진단, 치료법의 개발, 신종전염병 발생에 대비하는 것을 주요 내용으로 하고 있다.

PART 03 | 공중보건학

문제 8 국민건강보험공단에 대한 설명 중 틀린 것은? (   )

① 2000년 7월 1일 직장의료보험조합까지 통합하여 국민건강보험으로 새롭게 출발하였다.

② 2002년 12월에 국민건강보험법은 의약품대금의 직접지불제도 관련 규정을 삭제하였다.

③ 건강보험심사평가원은 산재급여 지불에 대한 신뢰성을 확보하기 위해 별도 설립한 기관이다.

④ 지난 1998년 10월 1일 지역의료보험과 공무원·교직원 의료보험을 통합하였다.

[정답] ❸
[해설] 건강보험심사평가원은 요양급여 지불에 대한 신뢰성을 확보하기 위해 별도로 설립한 기관이다.

문제 9 다음 설명 중 틀린 것은? (   )

① 병원체가 숙주에 침입해서 발육 또는 증식하는 것을 감염이라 한다.

② 숙주의 세포면에 부착되어 있는 상태는 감염이라 볼 수 없다.

③ 병원체의 발육 또는 증식에 따라 숙주에 병적변화를 일으키면 발병이라고 한다.

④ 증상이 없이 어떤 종류의 병원에 감염되어 있는 사람은 환자에 속한다.

[정답] ❹
[해설] 감염되어 발병된 상태의 사람은 환자라고 하고 증상이 없이 어떤 종류의 병원에 감염되어 있는 사람은 보균자라 한다

문제 10 감염 성립의 요인에 대한 설명 중 바르지 않은 것은? (   )

① 감염이 성립되기 위해서는 병원소, 감염경로, 감수성의 3조건이 반드시 필요하다.

② 병원체가 생활하고 있는 장소를 병원소라 한다.

③ 숙주의 침입 부위에 도달하기 직전의 장소를 감염경로라 한다.

④ 숙주가 침입된 병원체를 제거하려는 저항력을 다지지 않은 상태를 감수성이라 한다.

[정답] ❸
[해설] 숙주의 침입부위에 도달하기 직전의 장소를 감염원(sour of infection)이라 하고, 병원소에서 숙주에 도달하는 경로를 감염경로라고 한다.

문제 11 사람이 병원소인 경우의 설명이 틀린 것은? (   )

① 사람이 병원소인 경우 대책은 내과적 치료와 수술등으로 치료하여야 한다.

② 사람에게 병원성이 있는 병원소나 감염원은 사람인 경우가 많다.

③ 호흡기계 감염증이나 접촉 감염에서는 병원소·감염원이 모두 사람이 된다.

④ 소화기계 감염증에는 음식물, 파리 등 곤충도 감염원이 된다.

[정답] ❶
[해설] 사람이 병원소인 경우 대책을 세우기 위해서 외과적 치료와 수술 등으로 치료하여야 한다.

PART 03 | 공중보건학

문제 12 병원체가 생활하는 장소가 병원소인데 병원소의 대상이 아닌 것은?
(   )

① 사람이 병원소인 경우 ② 동물이 병원소인 경우
③ 식물이 병원소인 경우 ④ 토양이 병원소인 경우

[정답] ❸
[해설] 병원소의 대상은 사람, 동물, 토양 등이다.

문제 13 감염증 예방의 구체적인 대책의 구분으로 볼 수 없는 것은? (   )

① 감수성 대책 ② 감염경로 대책
③ 보균자 대책 ④ 병원소, 감염원 대책

[정답] ❸
[해설] 감염증 예방의 구체적인 대책으로 병원소, 감염원 대책, 감염경로 대책, 감수성 대책 등이 있다.

문제 14 감염경로에 대한 설명 중 틀린 것은? (   )

① 소화기계 감염은 병원소의 소화기관에서 배설된 병원체가 주로 매개물을 통해서 감수성이 있는 사람의 입으로 침입되어 일어나는 감염이다.
② 우유에 의한 것은 우유가 병원체를 보유하고 있는 경우와 보관상의 변질에 의한 경우로 구분된다.
③ 기침과 같은 것에 의해 작은 물방울에 함유된 병원체가 감수성자에 침입하는 것을 직접 비밀감염이라 한다.
④ 완전히 건조된 병원체를 함유한 먼지가 바닥, 의류 등에 부착되어 사용시에 공기중에 부유되어 감염되는 것을 비진감염이라 한다.

[정답] ❷
[해설] 우유에 의한것은 우유가 병원체를 보유하고 있는 경우와 우유의 처리 시에 인간에 의한 오염이 되는 경우가 있다.

문제 15   치명률이 높거나 집단발생 우려가 커서 발생 또는 유행 즉시
         방역대책을 수립하여야 하는 법정 감염병의 구분은? (   )

① 제1급 감염병   ② 제2급 감염병
③ 제3급 전염병   ④ 지정 감염병

[정답] ①

[해설] [해설]치명률이 높거나 집단 발생의 우려가 커서 발생 또는 유행 즉시 신고하
      여야 하고, 음압격리와 같은 높은 수준의 격리가 필요한 감염병으로서 긴   급한
      예방·관리가 필요하여 질병관리청장이 보건복지부장관과 협의하여   지정하는
      감염병을 포함한다

문제 16   법정 전염병의 연결이 틀린 것은? (   )

① 제1급 전염병 - 신종인플루엔자, 두창, 페스트, 디프텔아
② 제2급 전염병 - 결핵, 콜레라, 장티푸스, 파라티푸스
③ 제3급 전염병 - 파상풍, 말라리아, 발진티푸스, 공수병
④ 제4급 전염병 - 수족구병, 임질, 장관감염증, C형간염

[정답] ④
[해설] C형 감염은 B형 간염과 함께 제3급 감염증으로 지정되어 감시활동이 필요하다고
      인정되어 보건복지가족부장관이 지정하는 전염병이다.

문제 17   임파선종 또는 폐렴을 일으키는 급성 감염병으로 쥐벼룩에 의해 야생
         설치류에서 전파된 전염병은? (   )

① 콜레라   ② 장티푸스
③ 페스트   ④ 인플루엔자

[정답] ③
[해설] 흑사병이라고도 하며, 감염된 쥐벼룩에 물려 발생한다.

PART 03 공중보건학

문제 18 제1급 감염병에 속하지 않는 전염병은? (   )

① 콜레라 ② 장티푸스
③ 코로나바이러스감염증 ④ 파라티푸스

[정답] ❸
[해설] 코로나바이러스감영증은 중국 우한에서 발생한 신종 코로나 바이러스로 호흡부전 현상이 나타나며 사망에 이를 수 있다.

문제 19 일종의 열병으로 감염은 장의 임파조직, 담낭, 신장 등에 발생한다. 우리나라에서는 전염병 중 제일 많이 발생하는 병으로 근래에는 일 년 내내 발생을 보이고 있으며 그 발현 증상도 일정하지 않은 것이 특징인 전염병은? (   )

① 콜레라 ② 페스트
③ 장티푸스 ④ 발진티푸스

[정답] ❶
[해설] 제2급 감염병인 콜레라로 물설사, 구토, 발열 등을 동반하며 탈수를 초래하는 수인성 전염병이다.

문제 20 유행성 출혈열의 예방법으로 적당하지 않은 것은? (   )

① 특히, 겨울에서 봄으로 접어드는 2월말~3월말 사이엔 절대 잔디 위에 눕거나 잠을 자지 말 것.
② 들쥐의 배설물에 대한 접촉을 최대한 피한다.
③ 잔디 위에 침구나 옷을 말리지 않는다.
④ 야외활동 후 귀가할 때는 옷에 묻은 먼지를 털고 목욕을 한다.

[정답] ❶
[해설] 겨울철에는 유행성 출혈열의 발생이 나타나지 않는다.

문제 21 학질, 하루거리, 초학, 복학, 학증 등으로 불려지며 우리나라에서는 경상북도 북부를 중심으로 많이 유행하고 있고 임상증상으로 전형적인 오한, 고열이 특징인 전염성 질병은? (   )

① 홍역　　　　　　　　② 뇌염
③ 말라리아　　　　　　 ④ 이질

[정답] ❸
[해설] 말라리아모기에 의해 생기는 병으로 적혈구를 감염시키고 간에 침투한다. 열대에서 생기는 열대성(뇌성) 말라리아가 제일 위험하다.

문제 22 녹슨 못에 의한 관통상이나 조직 괴사를 일으킨 상처에서 흔히 발생하며 동물에게 물려서 감염되기도 하는 질환으로 전 세계적으로 흙에서 균이 발견되는 것은? (   )

① 세균성 이질　　　　　② 홍역
③ 발진티푸스　　　　　 ④ 파상풍

[정답] ❹
[해설] 제3급 감염병으로 상처에 침투해 경련을 일으키며, 심하면 상처부위를 절단하기도 한다.

PART 03 | 공중보건학

문제 23 결핵에 대한 설명으로 틀린 것은? (   )

① 신체의 거의 모든 부문에 침범될 수 있는 전염병으로 특히 폐에 많이 감염되어 만성 폐결핵이 많다.

② 일단 증세가 나타나기 시작하면, 신체 부분마비 증상, 황달, 체중증가 증상이 두드러지게 나타난다.

③ 결핵균은 운동성이 없으며, 균체 길이는 폭이 0.3 ~ 0.6um, 길이는 2 ~ 4um 정도 되는 막대모양의 균(간균)이다.

④ 가벼운 기침 등의 증상을 수반하지만 폐결핵환자의 대부분은 만성경과를 밟고 병변이 상당히 진행될 때까지는 뚜렷한 증세가 없고 또 증세가 있어도 비특이적이어서 발견되기 어렵다.

[정답] ❹
[해설] 제3군 전염병으로 뚜렷한 증세가 없다가 기침, 고열, 각혈을 일으키는 무서운 전염성 질환이다. 폐결핵이 가장 높은 비율을 차지하며 투베르쿨린 검사로 진단이 가능하다.

문제 24 다음 중 페스트에 대한 설명으로 틀린 것은? (   )

① 쥐벼룩에 물린 다음 1~6일 후에 물린 자리에 통증을 동반한 림프절 종창, 발열, 오한, 근육통, 두통, 저혈압 등이 나타난다.

② 1~6일의 잠복기 후에 구역, 구토, 설사 등의 소화기 증상으로 시작하여 치료를 하지않는 경우에 파종성혈관내 응고, 급성 호흡부전, 신부전, 의식저하, 쇼크로 진행하는 치명적인 경과를 보인다.

③ 쥐와 밀접한 관계를 맺고 있으므로 예방대책으로 가장 중요한 것은 쥐의 퇴치작업을 철저히 하는 것이다.

④ 환자나 보균자의 소변, 대변에 오염된 음식이나 물을 먹으면 감염된다.

[정답] ❹
[해설] 제1군 전염병으로 흑사병이라고도 하며, 감염된 쥐벼룩에 물려 발생한다.

문제 25   비브리오 패혈증의 증상과 예방에 대한 설명 중 틀린 것은? (   )

① 창상감염형의 경우 대부분 기존 질환이 없는 청장년에서는 항생제 및 외과적 치료에 의해 회복한다.

② 패혈증은 기존 간 질환을 가진 사람들이 오염된 해산물을 생식한 뒤 발생하는 원발성 패혈증으로 급작스런 발열, 오한, 전신쇠약감 등으로 시작하여 때로는 구토와 설사도 동반한다.

③ 패혈증의 잠복기는 12시간이다.

④ 예방을 위해 어패류를 100 ℃이상의 열로 가열하여 충분히 조리한 후 섭취해야 한다.

[정답] ❹
[해설] 제3군 전염병으로 비브리오균에 의해 생긴다. 오염된 해산물을 먹어 발생하며, 치사율이 50%에 이르므로 오염된 어폐류를 날로 먹지 않아야 하고 56C°이상의 열로 조리하여 섭취한다.

문제 26   공수병에 대한 설명 중 틀린 것은? (   )

① 일단 동물에 물리거나 상처를 입게 되면 부위를 세척한 후에 베타딘 등의 소독약으로 상처부위를 소독한다.

② 다른 바이러스 감염증과 달리 전구증상(임상증상)이 없다.

③ 노출 전 예방은 수의사나 동물과 접촉이 많은 사람, 실험실 근무자 등과 같이 고위험 집단에만 권장된다.

④ 공수병은 동물에서 사람으로 전파되기 때문에 예방을 위해 가장 중요한 것이 동물에서의 광견병 예방이다.

[정답] ❷
[해설] 공수병은 발열, 두통, 정신쇠약감, 근육통, 피로감, 식욕 부진, 오한, 구토, 목구멍통증, 기침 등 전구증상이 2~10일 정도 지속된다.

PART 03 | 공중보건학

문제 27   다음 중 유행성 일본 뇌염에 대한 설명 중 틀린 것은? (   )

① 진행하면 전신마비, 발진에 이르며 대개 발병 10일 이내에 사망한다. 경과가 좋은 경우에 약 3일을 전후로 열이 내리며 회복된다.

② 우리나라에서는 8~10월 사이에 많이 발생한다.

③ 빨간집 모기가 사람을 흡혈할 때 전파되어 감염이 일어난다.

④ 주로 돼지가 바이러스의 증폭 숙주로서의 역할을 하는 것으로 알려져 있다.

[정답] ❶
[해설] 5~15일의 잠복기를 거쳐 발병하며, 초기증상으로 고열, 두통, 무기력 혹은 흥분상태 등이 나타나고 중추신경계가 감염되어 의식장애, 혼수증상이 나타나고 사망할 수도 있다.

문제 28   기생충 질환에 대한 설명 중 틀린 것은? (   )

① 회충은 소장에 기생하며. 돼지회충·개회충·고양이회충·사자회충 등이 있다.

② 기생충 감염률은 기생충 질병에 대한 지식의 향상, 환경 개선, 위생적인 생활양식 등으로 점점 감소추세에 있다.

③ 기생충 질환은 도시에서는 거의 자체를 감춘 농촌질환이다.

④ 네오스포라병은 네오스포라의 감염에 의해 발생하는 세계적으로 널리 퍼져있는 기생충성 질병이다.

[정답] ❸
[해설] 기생충 질환의 도시와 농촌의 구분은 없다.

문제 29   제1군에서 4군 전염병 외에 유행 여부의 조사를 위하여 감시활동이 필요하다고 인정하여 보건복지부 장관이 지정하는 전염병의 명칭은?
( )

① 법정 전염병   ② 보조 전염병
③ 간접 전염병   ④ 지정 전염병

[정답] ④
[해설] 지정 전염병으로 그 종류로는 A형 간염, C형 간염, 반코마이신내성황색포도상구균, 샤가스병, 광동주혈선충증, 유극악구충증, 사상충증, 포충증, 크로이츠펠트-야콥병 등이 있다.

문제 30   세계보건기구(WHO)에서 정의한 환경위생의 정의는? ( )

① 인간의 신체 발육과 건강 및 생존에 유해한 영향을 미치거나 또는 영향을 줄 수 있는 모든 환경요소를 관리하는 것
② 인간의 건강에 영향을 줄 수 있는 주변요소를 통제하는 것
③ 인간의 신체 건강 및 정신건강에 유익한 환경으로 개선하는 것
④ 인간의 생존을 위한 제반 환경요소를 인간의 생존환경에 적절하게 변화시키는 것

[정답] ①
[해설] 그러므로 위생관리란 환경위생을 관리하는 것이라 할 수 있다.

PART 03 공중보건학

문제 31 다음 중 환경의 구분으로 적당하지 않은 것은? (   )

① 물리화학적 환경 - 기압, 매연, 지층, 토지 조성
② 생물학적 환경 - 설치류, 모기, 파리, 거미, 잠자리 등의 비위생적 곤충류
③ 인위적 환경 - 의복, 식생활, 주거, 시설
④ 사회적 환경 - 정치, 경제, 종교, 교육

[정답] ❷
[해설] 생물학적 환경 - 설치류(쥐, 토끼), 모기, 파리 등 비위생 곤충 등을 의미한다.
(거미와 잠자리는 아님)

문제 32 기후의 3대 요소에 해당하지 않는 것은? (   )

① 기습   ② 기온
③ 바람   ④ 기압

[정답] ❹
[해설] 기후의 3대 요소는 기온, 기습, 기류(바람)이며 3대요소를 포함하여 기압, 강우, 강설, 복사량, 일조량, 구름 등을 기후요소라 하고 기후의 분포와 기후의 변화를 일으키는 요인의 위도, 고도, 지형, 해류, 수륙분포 등을 기후인자라 한다.

문제 33 물리화학적 환경에 속하지 않는 것은? (   )

① 공기   ② 토지
③ 물   ④ 인간

[정답] ❹
[해설] 공기(기온, 기습, 기류, 기압, 매연, 가스, 증기, 공기 이온, 공기 조성), 토지(지온, 지균, 지층, 토지 조성), 빛(광선, 자외선, 적외선 등), 물(강수, 수량, 수질, 표류수, 지하수), 소리(음향, 소음, 잡음)등이 있다.- 인간은 정답 아님

문제 34 통상적으로 1일 중 최저 기온 – 최고 기온이 맞게 연결된 것은?
(   )

① 일출 2시간 전 - 오후 3시경

② 일출 3시간 전 - 오후 1시경

③ 일출 30분 전 - 오후 2시경

④ 일출 1시간 전 - 오후 3시경

[정답] ❸
[해설] 1일 중 최저 기온을 일출 30분전이며 최고온도는 오후 2시경이다. 이 차이를 일교차라고 하며 1년 중의 온도 차이를 연교차라고 한다. 평균기온은 높은 곳에 오름으로써 점차 내려간다.

문제 35 기류에 대한 다음 설명 중 틀린 것은? (   )

① 기류는 신체의 신진대사와 방열작용을 감퇴시킨다.

② 초당 기류의 속도는 m/sec로 나타낸다.

③ 인간이 느낄 수 있는 최저속도는 0.5m/sec로써 그 이하를 불감 기류라 한다.

④ 기류의 강도를 풍속이라 한다.

[정답] ❶
[해설] 기류는 기동 또는 바람이라 한다. 기류의 강도를 풍속이라 하며 초당기류의 속도를 나타내는 것으로 m/sec로 표시한다. 인간이 느낄 수 있는 최저속도는 0.5m/sec로 그 이하를 불감기류라 하며 그중에서도 0.1m/sec 이하는 무풍상태라 한다. 기류는 신체의 신진대사와 방열작용을 촉진시키고 가옥 내 자연환기의 원동력이 되며, 대기의 확산과 희석에 영향을 미쳐 기후변화의 원동력이 된다.

PART 03 | 공중보건학

문제 36   가옥이 갖추어야 할 바람직한 조건으로 볼 수 없는 것은? (   )

① 대지는 적당한 습기를 유지하고 비옥한 곳
② 방수는 물론 보온성·방열성이 좋을 것
③ 채광과 조명이 충분할 것
④ 충분한 주거 면적일 것

[정답] ❶
[해설] 대지는 건조하고 배수가 잘되며 환경은 조용하고 더욱 나아가서 일조량이 풍부할 것.

문제 37   난방에 대한 다음 설명 중 틀린 것은? (   )

① 난방한 경우의 지적 실온은 18~22℃ 정도이다.
② 의복에 의하여 추위와 더위를 조절할 수 있는 일반적인 범위는 18 ± 8℃의 범위이다.
③ 실온이 10℃ 이하에서는 추위 때문에 작업 능률이 내려가므로 난방이 필요하다.
④ 높이에 따른 온도 차이를 적게 하고 바닥에서부터 1.5m의 차이는 1℃ 이내로 하는 것이 좋다.

[정답] ❹
[해설] 높이에 따른 온도 차이를 적게 하고 바닥에서부터 1.5m의 차이는 3℃ 이내로 하는 것이 좋다.

문제 38   적당한 실내온도라 볼 수 없는 것은? (   )

① 학교 - 18~20℃

② 욕실 - 20~22℃

③ 강당 - 16~18℃

④ 외출 등의 의복 착용장소 - 18~20℃

[정답] ❹
[해설] 적당한 실내온도는 거실·사무실·작업실·학교가 18~20℃, 침실은 12~15℃, 욕실은 20~22℃, 병실은 22℃, 강당·집회장·경 작업실은 16~18℃, 중 작업실·체조장·대합실·사원·외출 등의 의복 착용장소는 10~15℃ 이다.

문제 39   냉방 시 실외와 실내의 온도차이가 적합한 것은? (   )

① 3~5℃   ② 5~7℃

③ 10~15℃   ④ 15~20℃

[정답] ❷
[해설] 실외와 실내의 온도 차이는 5~7℃ 이내가 좋으며 10℃이상 차이가 나지 않도록 주의해야 한다.

문제 40   보건학적으로 인공조명이 갖추어야 할 조건이 아닌 것은? (   )

① 작업상 너무 어둡지 않은 조도일 것

② 빛이 흔들리지 않을 것

③ 눈이 부시지 않을 것

④ 일광에 가까운 색일 것

[정답] ❶
[해설] 인공조명이 보건학적으로 필요한 조건은 작업상 충분한 조도일 것, 빛이 흔들리지 않을 것, 눈이 부시지 않을 것, 일광에 가까운 색일 것, 유해물질을 발생시키지 않을 것, 화재의 위험이 없을 것, 취급이 편리하고 비용이 적게 들 것 등을 갖추어야 한다.

PART 03 | 공중보건학

문제 41   소음 중 문제가 적은 소음은 어떤 것일까? (   )

① 자동차·기차에 의한 교통소음
② 건축을 통한 건축소음
③ 폭풍·천둥·호우 등 자연소음
④ 사람에 의한 가두소음

[정답] ③
[해설] 자연 소음은 일시적이므로 문제가 덜 된다.

문제 42   환경정책기본법에서 중요시하여 제한하는 소음의 종류는? (   )

① 자연소음   ② 교통소음
③ 사람에 의한 가두소음   ④ 기계·기구에 의한 소음

[정답] ④
[해설] 환경정책기본법에서는 소음을 기계·기구 등에서 발생하는 강한 음으로 제한하여 정의하고 있다.

문제 43   전염병의 매개물로서의 물에 의해 발생하는 병원균이 아닌 것은? (   )

① 장티푸스   ② 콜레라균
③ 공수병   ④ 이질균

[정답] ③
[해설] 공수병 - 미친개에 물려 발생하는 병으로 광견병이라고도 한다. 물을 무서워하게 되며, 치사율이 100%에 달하는 무서운 병이다.

문제 44 물을 소독하는 방법이 아닌 것은? (   )

① 열　　　　　　　　　　② 자외선
③ 화학적 변화　　　　　　④ 정제

[정답] ❹
[해설] 물을 소독하는 데는 열, 자외선, 화학적 방법, 이온 변화, PH 변화 등 여러 가지 방법이 사용 된다.

문제 45 하수량은 급수량과 문화의 진보에 의해 증가한다. 수질에 영향을 미치는 요소가 아닌 것은? (   )

① 생활양식　　　　　　　② 우량
③ 어른 가족의 수　　　　　④ 시간

[정답] ❸
[해설] 어른 가족의 수는 해답이 아니다 - 하수량은 급수량과 비례하며 문화의 진보에 따라서 증가한다. 또한 하수의 수질은 생활양식, 공업의 발달상황, 우량, 시간 등 여러가지 요인에 의하여 달라진다.

문제 46 사람이 살아가기 위해 필요한 물, 음식물, 공기의 양은? (   )

① 물 1ℓ,　 음식물 1Kg,　 공기 10 Kℓ
② 물 1ℓ,　 음식물 1.5 Kg, 공기 10 Kℓ
③ 물 1.5ℓ, 음식물 1.5 Kg, 공기 13 Kℓ
④ 물 2ℓ,　 음식물 1.5 Kg, 공기 13 Kℓ

[정답] ❹
[해설] 사람이 하루에 필요로 하는 것들 - 물 2ℓ, 음식물 1.5 Kg, 공기 13 Kℓ.

PART 03 | 공중보건학

문제 47 성인이 안정 상태에서 1일 필요로 하는 산소의 양은? (   )

① 400~500ℓ ② 450~550ℓ
③ 550~600ℓ ④ 600~700ℓ

[정답] ❸
[해설] 사람은 음식이나 물을 마시지 않고도 며칠 동안은 살 수 있지만, 공기 없이는 5분간도 살 수 없다. 따라서 먹는 물, 음식물, 공기는 생명 유지의 3대 요소이며 성인이 1일 필요한 먹는 물은 2ℓ, 음식물은 1.5kg, 공기는 13㎘가 필요한 것이다. 또한 물 없이는 5일, 음식물 없이는 1개월까지도 생존할 수 있기 때문에 생명유지의 3대 요소 중 가장 중요한 것이 공기임을 알 수 있다.

문제 48 폐기물의 종류에는 진개, 잡개, 재, 가로진개, 시장진개, 동물사체, 공장폐기물 등으로 구분하는 처분의 입장에서 분류하는 방법이 아닌 것은? (   )

① 진개 ② 동물사체 처리
③ 가연성 잡개 ④ 불연성 잡개

[정답] ❷
[해설] 폐기물의 종류는 진개(garbage), 잡개(rubbish), 재(ashes), 가로진개(street-refuse), 시장진개, 동물사체, 공장폐기물 등으로 성립되는데, 처분의 입장에서는 진개, 가연성 잡개, 불연성 잡개 등으로 분류된다.

문제 49 폐기물 처리의 제1보는 무엇일까? (   )

① 관찰 ② 홍보
③ 산출 ④ 집하

[정답] ❹
[해설] 폐기물 처리의 제1보는 집하로부터 시작된다.

문제 50 공중세균에 대한 설명 중 틀린 것은? (   )

① 비병원성 세균이 많다.

② 주된 발생원은 토양이지만 사람, 동물 및 그 배설물에서도 나온다.

③ 실내에서는 보균자의 대화나 기침, 재채기할 때 물방울로서 비산된다.

④ 감염의 위험성은 대개 3m 거리까지 넓다.

[정답] ④
[해설] 실내에서는 보균자의 대화나 기침, 재채기할 때 물방울로서 비산되며, 감염의 위험성은 대개 1m 거리 내에 한정되며, 나머지는 보다작은 비말형태로서 부유되어 흡입 감염의 염려가 있다. 결핵균, 화농균, 바이러스, 디프테리아균 등을 들 수 있다.

문제 51 인간은 누구나 (   )을(를) 가장 소중한 자산으로 생각하며, 건강하고 행복한 삶을 살고자 노력하고 있다. 괄호에 맞는 단어는? (   )

① 재산   ② 다자녀
③ 부동산   ④ 건강

[정답] ④
[해설] 인간은 누구나 건강을 가장 소중한 자산으로 생각하며, 건강하고 행복한 삶을 살고자 노력하고 있다.

문제 52 산업사회에서의 공중보건의 중요성이 아닌 것은?   (   )

① 개인 문제로서의 건강

② 인구 집중현상의 증가

③ 근로자의 문제

④ 상·하수도 문제

[정답] ①
[해설] 고대사회에서는 개인의 건강이 중요시 되었다.

PART 03 | 공중보건학

문제 53 공중보건학에 대해서 여러 가지 해설이 있으나 가장 대표적인 것은 E.A.Winslow의 정의이다. 그가 말하는 공중보건학에 속하지 않는 것은?
(　　)

① 질병을 예방하고

② 생명을 연장시키며

③ 건강을 위하여 이웃과 관계 단절

④ 신체적 정신적 효율을 증진시키는 기술이며 과학

[정답] ❸
[해설] 그는 공중보건학을 "조직된 지역 사회의 노력을 통하여 질병을 예방하고 생명을 연장시키며 신체적 정신적 효율을 증진시키는 기술이며 과학이다" 라고 정의하였다.

문제 54 공중보건의 내용에서 환경 관련 분야가 아닌 것은? (　　)

① 환경위생　　② 전염병 관리

③ 식품위생　　④ 산업보건

[정답] ❷
[해설] 공중보건의 내용에서 환경 관련 분야는 환경위생, 식품위생, 환경오염, 산업보건 등이다.

문제 55 공중보건의 내용에서 인구 보건 분야가 아닌 것은? (　　)

① 인류생태　　② 가족계획

③ 기생충 관리　　④ 모자보건

[정답] ❷
[해설] 기생충 관리는 역학 및 질병관리 분야에 속한다.

문제 56 위생학의 정의 중 (   )에 맞는 말은? (   )

> 위생학이란 "인체의 생리기능의 지식에 서서 그 생활을 물리적·화학적으로 명확히 하고, 또한 사회적 인간의 환경도 포함해서 환경이 주는 육체적·정신적 영향을 정밀히 검사하여 개인과 (   )의 건강유지 및 증진을 도모하는 수단 방법을 연구하는 과학이다."라고 정의되고 있다.

① 공중 ② 가족
③ 문중 ④ 국가

[정답] ❶
[해설] 위생학이란 "인체의 생리기능의 지식에 서서 그 생활을 물리적·화학적으로 명확히 하고, 또한 사회적 인간의 환경도 포함해서 환경이 주는 육체적·정신적 영향을 정밀히 검사하여 개인과 공중의 건강유지 및 증진을 도모하는 수단 방법을 연구하는 과학이다."라고 정의되고 있다.

문제 57 1977년 1월 1일부터 의료보호(의료급여) 사업이 시작되었고, 같은 해 7월 1일부터 (   )의 의료보험 제도가 시작된 일련의 변화는 우리나라 국민보건 향상의 계기라 볼 수 있다. 괄호에 맞는 말은? (   )

① 가족 단위 ② 지역 단위
③ 직장 단위 ④ 전국민 단위

[정답] ❷
[해설] 1977년 1월1일부터 의료보호(의료급여) 사업이 시작되었고, 같은 해 7월 1일부터 직장 단위의 의료보험 제도가 시작된 일련의 변화는 우리나라 국민보건 향상의 계기라 볼 수 있다.

PART 03 | 공중보건학

문제 58 1958년 한국전쟁으로 인한 전상병과 민간 환자의 치료 및 의사와 의료요원의 훈련 양성을 위하여 전쟁 당시 의료지원을 수행하던 스칸디나비아 3개국과 (   ) 및 정부의 협조로 설립되었으며 10년간 공동 운영되었다. 괄호에 알맞은 기구는? (   )

① UN(국제연합) ② WHO(세계보건기구)
③ IMF(국제통화기금) ④ UNKRA(유엔한국재건단)

[정답] ❹
[해설] 1958년 한국전쟁으로 인한 전상병과 민간 환자의 치료 및 의사와 의료 요원의 훈련 양성을 위하여 전쟁 당시 의료지원을 수행하던 스칸디나비아 3개국과 UNKRA(유엔한국재건단) 및 정부의 협조로 설립되었으며 10년간 공동 운영되었다.

문제 59 질병관리본부의 전염병 질환에 대한 조사연구 업무가 아닌 것은?
(   )

① 전염병의 전파방지
② 효과적인 예방, 진단, 치료법의 개발
③ 신종 전염병 개발
④ 신종 전염병 발생에 대비하는 것

[정답] ❸
[해설] 질병관리본부의 전염병질환에 대한 조사연구 업무는 전염병의 전파 방지, 효과적인 예방, 진단, 치료법의 개발, 신종전염병 발생에 대비하는 것을 주요내용으로 하고 있다.

문제 60 건강보험심사평가원이 하는 업무는? (   )

① 국민건강을 향상시키고 사회보장 증진을 목적으로 설립
② 보건·복지요원의 훈련, 전염병 및 특수질환에 관한 조사·연구 평가 업무를 관장
③ 법률에 의하여 응급의료기관 등에 대한 평가 및 질향상 활동지원
④ 요양급여 지불에 대한 신뢰성을 확보하기 위한 기관

[정답] ❹
[해설] 건강보험심사평가원은 요양급여 지불에 대한 신뢰성을 확보하기 위해 별도로 설립한 기관이다.

문제 61 제1군 전염병(즉시 환자격리 필요)이 아닌 것은? (   )

① C형간염   ② 콜레라
③ 장티푸스   ④ 페스트

[정답] ❶
[해설] 전염속도가 빠르고 국민건강에 미치는 위해 정도가 심대하여 발행 또는 유행 즉시 방역대책을 수립하여야 하는 전염병이며, 1999년 12월 법을 개정하였다. 제1군을 콜레라, 페스트, 장티푸스, 파라티푸스, 세균성 이질, 장출혈성대장균감염증 - O157(신설) 등 6가지로 정하고 있다.

PART 03 공중보건학

문제 62 세균성 질병인 부루세라병이 주로 발생하는 특징은? (   )

① 심한 열과 발작이 특징

② 유산, 불임등이 특징

③ 콧물과 심한 기침이 특징

④ 쉽게 흥분하거나 과민이 특징

[정답] ❷
[해설] 부루세라균에 의한 소, 돼지, 산양, 면양, 개 등에서 발생하는 법정 제2종 가축전염병이며 주로 유산, 불임을 특징으로 하며 사람에도 감염되는 인수공통 전염병이다. 임신견에서 임신 말기 유산과 수캐의 생식기에 염증을 일으키는 개의 전염병으로 주로 번식장에서 발생되고 있지만 가정견에서도 감염이 확인되고 있다.

문제 63 개 보데텔라 폐렴은 보데텔라 브론키셉티카에 의해 유발되며, 높은 전염성을 가진 질병으로 어떤 기관의 질병일까? (   )

① 관절질병   ② 유산·불임 질병

③ 장질환 질병   ④ 호흡기 질병

[정답] ❹
[해설] 개 보데텔라 폐렴은 보데텔라 브론키셉티카 (Bordetella bronchiseptica)에 의해 유발되며, 높은 전염성을 가진 호흡기질병으로서 보데텔라 브론키셉티카는 전염성 기관지염을 일으키며, 디스템퍼 바이러스 감염 시 2차 감염을 일으켜 기관지 폐렴을 유발한다.

문제 64 개 파보바이러스감염증은 1980년대 (   )에서 최초로 유행된 것이 확인 되었으며, 임상적으로나 병리학적으로 주로 3~8주령의 어린 강아지에서 볼 수 있는 심장형과 성장 후의 개에서 볼 수 있는 장염형의 2가지로 크게 구분할 수 있다. 괄호 안에 맞는 말은? (   )

① 제주도
② 강원도
③ 경기도
④ 전라도

[정답] ❸
[해설] 장염형은 심한 구토, 출혈성 설사, 탈수, 백혈구 감소증이 주요 증상이며 폐사율이 높다. 심장형에서는 좌심실을 중심으로 비화농성 심근염을 특징으로 하고, 일반적으로 급성으로 진행되어 폐사율이 높다.

문제 65 세계보건기구(WHO)의 환경위생전문위원회가 정의한 환경 위생이란 "(   ) 및 생존에 유해한 영향을 미치거나 또는 영향을 줄 수 있는 모든 환경요소를 관리하는 것"이라고 하였다. 괄호에 맞는 말은?

(   )

① 건강하게 살아갈 수 있는 환경
② 인간의 신체 발육과 건강
③ 주변이 깨끗한 환경
④ 조용하고쾌적한 환경

[정답] ❷
[해설] 세계보건기구(WHO)의 환경위생전문위원회가 정의한 바에 의하면 "환경위생이란 인간의 신체 발육과 건강 및 생존에 유해한 영향을 미치거나 또는 영향을 줄 수 있는 모든 환경요소를 관리하는 것"이라고 하였다.

PART 03 | 공중보건학

문제 66 환경의 종류 중 광의의 사회적 환경에서 인위적 환경에 속하지 않는 것은? (　　)

① 정치　　② 의복
③ 식생활　④ 주거

[정답] ❶
[해설] 인위적 환경 - 의복, 식생활, 주거, 시설 등.

문제 67 기온은 지상 (　　)에서 측정한 건구온도를 말한다. 괄호에 맞는 말은? (　　)

① 0.5m　② 1m
③ 1.5m　④ 2m

[정답] ❸
[해설] 일반적으로 기온은 지상 1.5m에서 측정한 건구온도를 말하나 온도계가 나타내는 온도는 기온과 주위의 복사온도를 합친 것으로 엄밀한 의미의 기온은 아니다.

문제 68 다음 단어 중 뜻이 다른 내용의 단어는? (　　)

① 기류　② 기동
③ 바람　④ 풍속

[정답] ❹
[해설] 기류는 기동 또는 바람이라 한다. 기류의 강도를 풍속이라 하며 초당 기류의 속도를 나타내는 것으로 m/sec로 표시한다.

문제 69   기류로 나타나는 현상이 아닌 것은? (   )

① 신체의 신진대사와 방열작용 촉진

② 가옥 내 자연환기의 원동력

③ 3한4온의 효과

④ 기후변화의 원동력

[정답] ❸
[해설] 기류는 신체의 신진대사와 방열작용을 촉진시키고 가옥 내 자연환기의 원동력이 되며, 대기의 확산과 희석에 영향을 미쳐 기후변화의 원동력이 된다.

문제 70   체감온도를 느끼게 하는 감각의 기준이 되는 것이 아닌 것은? (   )

① 기온   ② 일조량
③ 기습   ④ 기류

[정답] ❷
[해설] 온열요소의 작용을 하나의 종합된 척도로서 온도의 감각을 기온, 기습, 기류의 3인자로 표시한 것이 체감온도이다.

문제 71   불쾌지수를 가장 먼저 사용했던 나라는? (   )

① 미국   ② 한국
③ 일본   ④ 중국

[정답] ❶
[해설] 기후 상태로 인간이 느끼는 불쾌감을 표시한 것으로 불쾌지수는 원래 기온의 변화에 따라 공장, 사무실 등에서 전력 소모를 알기 위하여 사용했던 것이 미국에서는 불쾌지수로 이용되었으며, 나라에 따라서는 매일 예보를 하기도 한다.

PART 03 | 공중보건학

문제 72 주택위생의 환기에 있어서 실내 탄산가스(gas)농도의 기준치는?
( )

① 0.01%   ② 0.1%
③ 0.5%   ④ 1%

[정답] ②
[해설] 가옥 내 기후의 적당한 보존과 가족이 밀집된 집단생활의 위생적 입장에서 중요한 것이 환기이다. 실내 탄산가스(gas) 농도 0.1%를 한계로 하여 이를 초과하지 않는 정도의 환기량이 필요하다.

문제 73 의복에 의하여 추위와 더위를 조절할 수 있는 일반적인 범위는?
( )

① 10±8C°   ② 12±8C°
③ 15±8C°   ④ 18±8C°

[정답] ④
[해설] 의복에 의하여 추위와 더위를 조절할 수 있는 일반적인 범위는 18±8℃의 범위이며, 실온이 10℃ 이하에서는 추위 때문에 작업 능률이 내려가므로 난방이 필요하다.

문제 74 국소난방 중 위생학적으로 가장 좋다고 인정되는 난방 방법은? ( )

① 난로   ② 화로
③ 전기스토브 ④ 갈탄스토브

[정답] ③
[해설] 방 하나의 난방법으로 화로, 난로 등을 들 수 있는데 화로는 몸의 일부를 따뜻하게 하지만 CO2 발생에 주의가 필요하다. 난로는 배기 장치가 없는 것은 공기를 오염시키기도 하며, 전기스토브는 위생학적으로 가장 좋다고 할 수 있다.

문제 75   중앙난방으로 사용하는 효과적인 시공법이라고 할 수 없는 것은?
（　　）

① 전기난방　　　　② 증기난방
③ 온수난방　　　　④ 복사난방

[정답] ❶
[해설] 중앙난방 - 더운 공기를 들여보내 난방하는 법, 온수, 복사난방이 있다.

문제 76   냉방의 기본 기술은 어느 방법인가? （　　）

① 물조절법　　　　② 실외기조절법
③ 공기조절법　　　　④ 산소조절법

[정답] ❸
[해설] 본격적인 냉방법은 공기조절법(air conditioning)이다. 이것은 실내 공기를 흡인하여 냉동기로 일정한 온도까지 냉각, 세정하고 포화습도에 도달한 공기를 다시 적당한 온도까지 상승시켜 공기를 보내는 방법이다. 냉각 온도와 재가열 온도를 조절함으로써 온도도 조절할 수 있다.

문제 77   실외와 실내의 온도 차이는(　　)이내가 좋으며 (　　)이상 차이가 나지 않도록 주의해야 한다. 괄호에 맞는 숫자는? （　　）

① 2~3℃, 10℃　　　　② 3~5℃, 10℃
③ 5~7℃, 10℃　　　　④ 7~10℃, 10℃

[정답] ❸
[해설] 실외와 실내의 온도차이는 5~7℃ 이내가 좋으며 10℃ 이상 차이가 나지 않도록 주의해야 한다.

PART 03 공중보건학

문제 78   방의 방위에 따라 채광량에 큰 차이가 있다. 채광량의 변동이 가장 적은 방위는? (   )

① 동쪽   ② 서쪽
③ 남쪽   ④ 북쪽

[정답] ❹
[해설] 창의 방위에 따라 채광량은 하루 동안에 큰 변동을 나타낸다. 특히 동쪽 창과 서쪽 창은 변동이 크며, 남쪽 창은 중간이고 북쪽 창은 채광률의 변동이 가장 적고 안정되어 있다.

문제 79   인공조명이 보건학적으로 필요한 조건을 갖추어야 한다. 이에 해당되지 않는 것은? (   )

① 작업상 충분한 조도일 것
② 취급이 편리하고 고급스러울 것
③ 눈이 부시지 않을 것
④ 일광에 가까운 색일 것

[정답] ❷
[해설] 인공조명이 보건학적으로 필요한 조건은 작업상 충분한 조도일 것, 빛이 흔들리지 않을 것, 눈이 부시지 않을 것, 일광에 가까운 색일 것, 유해물질을 발생시키지 않을 것, 화재의 위험이 없을 것, 취급이 편리하고 비용이 적게 들 것 등을 갖추어야 한다.

문제 80   토양의 성질이 영향을 주는 부분이 아닌 것은? (   )

① 신도시 건설   ② 주거
③ 하수   ④ 폐기물의 처리

[정답] ❶
[해설] 토양의 성질은 주거, 음료수, 하수, 폐기물의 처리 등에 영향을 주는 동시에 전염병의 발생, 유행에도 관계가 있다.

문제 81   소음의 발생원은 인공소음으로 자동차·기차 등에 의한 교통소음, 이동행상 등의 (   ), 건축소음, 항공기소음 및 기계소음 등이며, 자연소음은 폭풍·천둥·호우 등을 들 수 있는데, 문제가 되는 것은 인공소음이라 할 수 있다. 괄호에 맞는 단어는? (   )

① 인공소음 ② 교통소음
③ 가두소음 ④ 자연소음

[정답] ❸
[해설] 이동행상, 집회 등의 소음은 가두소음에 속한다.

문제 82   인간이 들을 수 있는 음압의 범위와 음의 강도의 범위를 상용대수로 사용하여 만든 단위는? (   )

① hz(hearts) ② 진동횟수(cycle/sec)
③ 폰(phone) ④ 데시벨 (dB)

[정답] ❹
[해설] 데시벨 (dB : decibel) : 인간이 들을 수 있는 음압의 범위와 음의 강도의 범위를 상용대수로 사용하여 만든 단위이다.

문제 83   난청은 특히 (   ) 으로 발생하기 쉬우며 귓속의 청각기가 장해를 받는다. 괄호에 맞는 단어는? (   )

① 저주파 소음 ② 고주파 소음
③ 기계 소음 ④ 자연 소음

[정답] ❷
[해설] 난청은 특히 고주파 소음으로 발생하기 쉬우며 귓속의 청각기가 장해를 받는다.

PART 03 | 공중보건학

문제 84 진동이 나타나는 매개체는 어느 곳인가? (   )

① 지반 ② 해일
③ 파도 ④ 폭우

[정답] ①
[해설] 진동은 소음과 마찬가지로 매개체를 통하여 전달된다. 소음에 있어서는 주로 공기를 매개체로 하나 진동은 주로 지반을 매개체로 하여 전달되는 것이 다르다. 최근 교통기관이나 작업기계 등에서 진동으로 인한 인체에 대한 영향이 문제시 되고 있다.

문제 85 사람의 인체는 어느 정도 수분으로 구성되어 있나? (   )

① 20~25% ② 35~40%
③ 40~55% ④ 60~65%

[정답] ④
[해설] 인체의 약 60~65%는 수분으로 성립된다. 영유아에 있어서는 70% 이상을 차지하고 있다. 성인에 있어서는 약 40%가 세포 내에 있으며 20%는 조직간, 5%는 혈액 내에 있는 것으로 알려져 있다.

문제 86 인체의 수분이 10% 상실되면 이상이 오고,(   ) 상실되면 생명의 위험을 초래한다고 한다. 괄호에 맞는 단어는? (   )

① 10~20% ② 20~22%
③ 25~30% ④ 30~40%

[정답] ②
[해설] 인체의 수분이 10% 상실되면 이상이 오고, 20~22% 상실되면 생명의 위험을 초래한다. 절식은 60일 정도까지 가능하지만 절수의 경우는 2일에 사망했다는 보고가 있다.

문제 87 물은 신장 이외로 부터도 배설되며, 이것을 보충하기 위해서 일정량의 물이 필요하게 된다. 물이 가장 많이 필요로 하는 연령층은? (   )

① 유아 ② 어린이
③ 여성 ④ 노인

[정답] ❷
[해설] 그 양은 보통 2~3ℓ인데 고온, 격동적 운동의 경우 등 발한이 증가할 때에는 5ℓ이상이 필요하게 되기도 한다. 특히 어린이는 성인보다 다량의 물이 필요하다.

문제 88 문명 수준의 척도로 취급하는 물의 사용량의 기준에 포함되지 않는 단어는? (   )

① 급수 보급률 ② 문화의 정도
③ 하수관의 정비 ④ 낭비의 정도

[정답] ❸
[해설] 물의 사용량은 급수 보급률, 공업의 종류, 문화의 정도, 기후, 낭비의 정도 등에 따라서 변화하는데 이는 문명 수준의 척도로서 취급되는 경우가 많다.

문제 89 전염병의 매개물로서의 물이 이용되는데 수중에서 볼 수 있는 균 중 병원체로 될 수 있는 것이 아닌 것은? (   )

① 결핵 ② 장티푸스균
③ 파라티푸스균 ④ 콜레라균

[정답] ❶
[해설] 수중에서 볼 수 있는 균 중 병원체로 될 수 있는 것은 장티푸스균, 파라티푸스균, 콜레라균, 이질균 등이다.

PART 03 | 공중보건학

문제 90 물을 소독하는 데는 (   ), 자외선, 화학적 방법, 이온변화, PH 변화 등 여러 가지 방법이 사용된다. 괄호에 맞는 단어는? (   )

① 냉동 ② 냉각
③ 분해 ④ 열

[정답] ❹
[해설] 물을 소독하는 데는 열, 자외선, 화학적 방법, 이온 변화, PH 변화 등 여러 가지 방법이 사용 된다.

문제 91 가격이 저렴하고, 조작이 용이하며, 소독력이 강한 까닭인데, 단점으로는 독성, 냄새를 들 수 있다. 그러나 단점보다는 장점이 훨씬 큰 물의 소독법은? (   )

① 이온소독법 ② 자외선소독법
③ 염소소독법 ④ 스팀소독법

[정답] ❸
[해설] 염소소독법이 보편적으로 이용되는 이유로는 가격이 저렴하고, 조작이 용이하며, 소독력이 강한 까닭인데, 단점으로는 염소의 독성, 냄새를 들 수 있다. 그러나 단점보다는 장점이 훨씬 큰 것이다.

문제 92 물의 소독방법 중 상당히 오래된 방법이지만 고가인 까닭에 실용화되지 않는다. 최근에 소아마비 바이러스에 대하여 효과가 있다는 보고가 있다고 알려진 방법은? (   )

① 오존(O_3)소독법 ② 이온변화
③ 열소독 ④ 화학적 방법

[정답] ❶
[해설] 오존(O_3)은 1.5~5g/㎥의 양을 15분간 접촉으로 공급한다. 상당히 오래된 방법이지만 고가인 까닭에 실용화되지 않는다. 최근에 소아마비 바이러스에 대하여 효과가 있다는 보고가 있다.

문제 93 하수 중 오수에 포함되지 않기도 하는 물의 종류는? (   )

① 가정하수 ② 빗물
③ 산업폐수 ④ 수세변소물

[정답] ❷
[해설] 하수라 함은 우리 생활에 의하여 생기는 오수를 말하는 것이며, 부엌, 목욕실, 세탁, 수세변소 등의 폐수인 가정하수, 공장배수 등의 산업폐수, 지하수, 우수가 그 원천이 된다. 이러한 오수는 적당한 설비에 의하여 집적되어 위생학적으로 처리될 것이 필요하다. 즉 하수도에 의하여 적당한 지역에 인도되어 여기서 정화된 후 방수되는 것이 보통이다. 하수도에는 우수를 넣지않는 분류식과 우수도 동시에 합쳐서 처리하는 합류식이 있다.

문제 94 생물학적 산소요구량(BOD)의 수치가 높다면 그 의미는? (   )

① 분해 가능한 유기물질이 적다.
② 분해 불가능한 유기물질이 적다.
③ 하수의 오염도가 낮다.
④ 하수의 오염도가 높다.

[정답] ❹
[해설] BOD 수치가 높다는 것은 분해 가능한 유기물질이 많이 함유되어 있다는 것을 의미하며, 이는 하수의 오염도가 높다는 것을 뜻한다.

문제 95 공기 중의 산소량이 어느정도 낮아지면 호흡곤란으로 사망까지 오게 되나? (   )

① 40% ② 30%
③ 20% ④ 10%

[정답] ❹
[해설] 공기 중의 산소농도가 15%까지 내려갈 때까지는 거의 영향이 없으나 그 이하가 되면 호흡이 깊어지고 또 빈번해지며 10% 정도에서는 호흡곤란으로 사망하게 된다.

PART 03 공중보건학

문제 96 실외에서의 공기는 자정기능(깨끗해지는 기능)이 있다. 이 기능에 속하는 방법이 아닌 것은? (　　)

① 공기 자체의 희석 작용
② 산불로 인한 산소 생성
③ 강우·강설 등에 의한 세정 작용
④ 산소·오존·과산화수소 등에 의한 산화작용

[정답] ❷
[해설] 실외 공기의 자정작용은 공기 자체의 희석작용, 강우·강설 등에 의한 세정작용, 산소·오존·과산화수소 등에 의한 산화작용, 자외선에 의한 살균작용, 탄소동화작용과 호흡작용에 의한 CO_2와 O_2의 교환작용 등에 의해 이루어진다.

문제 97 공기 중에 가장 많은 성분은? (　　)

① 산소
② 수소
③ 질소
④ 이산화탄소

[정답] ❸
[해설] 공기중에는 산소가 20%, 질소가 80%, 이산화탄소가 4% 정도이다.

문제 98 동물사체로부터 질병이 감염될 위험이 없는 사람은? (　　)

① 반려동물 핸들러
② 반려동물 가족 및 조문객
③ 장례업 종사자
④ 장례업 종사자 가족

[정답] ❶
[해설] 반려동물의 건강과 미용, 신체를 관리하는 직업이다. 반려견의 무대 출연이나 기술을 익히는 훈련을 하는 직업으로 반려동물에 대한 이해가 필요한 직업이다. 자격취득은 한국애견협회 또는 한국애견연맹에서 검정하는 자격시험에 응시하여 자격을 취득하면 업무에 종사할 수 있다.

문제 99 장례관련 종사자의 시신 관리 시 취해야 할 태도 및 3원칙에 속하지 않는 것은? (   )

① 의료기관으로부터 감염증 사체에 관한 정보가 제공되지 않는 경우 사체는 위험한 감염증을 보유하고 있다는 것을 전제로 취급할 필요가 있다.

② 사체 인도시에 감염증이 없는 시신에 대해서도 감염증이 있는 시신에 준하여 취급해야 할 필요성이 있다.

③ 반려동물 사체로부터 일어날 수 있는 감염적 위험성에 대해 정확히 이해하고 있어야하며, 장례에 관련된 일반적 작업(viewing, 위생적 사체 처리, 염습, 화장(makeup) 등),을 숙지하고 있어야 한다.

④ 반려동물 사체의 질병 위험으로 벗어나기 위해서는 질환으로 사망한 반려동물의 사체는 동물병원으로 보내어 산업폐기물로 처리하여야 한다.

[정답] ④
[해설] 어떠한 상황에서도 침착하게 장례 업무를 진행하여야 한다.

문제 100 감염원으로부터 감염을 방지하기 위해 장례지도사가 사용하는 도구가 아닌 것은? (   )

① 위해방지용 산소호흡기 ② 마스크
③ 수술용 고무장갑 ④ 위생복

[정답] ①
[해설] 장례지도사에게 산소호흡기는 필요로 하지 않는다.

반려동물 장례지도사 (예상문제집)

2019년 12월 15일 초판 발행
저자 I 김종호, 이성윤, 전노숙
출판 I ㈜ NCEDU
주소 I 서울시 서초구 서초대로 56길 40
전화 I 02-3472-4331, 전송 02-3472-4332
E-Mail I 2000hansol@hanmail.net
등록 I 2019.11.07 서초 제 2019-000253호

정가   15,000원
ISBN I 979-11-968746-1-2(13490)
저자의 허락없이 내용의 무단 전제와 복제를 금합니다.
※ 잘못된 책은 구입한 곳에서 교환하여 드립니다.